Biographie

Norman [illegible] B.Sc Comp. M.Fsc. Ph.D.

PÉLADEAU

UNE HISTOIRE DE VENGEANCE, D'ARGENT ET DE JOURNAUX

JULIEN BRAULT

PÉLADEAU

UNE HISTOIRE DE VENGEANCE, D'ARGENT ET DE JOURNAUX

B I O G R A P H I E

QUÉBEC AMÉRIQUE

Catalogage avant publication de Bibliothèque et Archives nationales du Québec et Bibliothèque et Archives Canada

Brault, Julien
Péladeau : une histoire de vengeance, d'argent et de journaux

(Biographie)
ISBN 978-2-7644-0600-7
1. Péladeau, Pierre, 1925-1997. 2. Éditeurs - Québec (Province) - Biographies. 3. Hommes d'affaires - Québec (Province) - Biographies. I. Titre. II. Collection: Biographie (Éditions Québec Amérique).
PN491.3.P38B72 2008 070.5092
C2007-942085-0

Conseil des Arts du Canada · Canada Council for the Arts · SODEC Québec

Nous reconnaissons l'aide financière du gouvernement du Canada par l'entremise du Programme d'aide au développement de l'industrie de l'édition (PADIÉ) pour nos activités d'édition.

Gouvernement du Québec – Programme de crédit d'impôt pour l'édition de livres – Gestion SODEC.

Les Éditions Québec Amérique bénéficient du programme de subvention globale du Conseil des Arts du Canada. Elles tiennent également à remercier la SODEC pour son appui financier.

Québec Amérique
329, rue de la Commune Ouest, 3e étage
Montréal (Québec) Canada H2Y 2E1
Tél. : 514 499-3000, télécopieur : 514 499-3010

Dépôt légal : 1er trimestre 2008
Bibliothèque nationale du Québec
Bibliothèque nationale du Canada

Mise en pages : André Vallée – Atelier typo Jane
Révision linguistique : Annie Pronovost et Claude Frappier
Conception graphique : Louis Beaudoin

Imprimé au Canada

À Jenny

LE PARI DE PIERRE PÉLADEAU

Séparatiste, maniaco-dépressif, ex-alcoolique et antisémite : c'est ainsi que certains journalistes de la presse anglophone présentaient Pierre Péladeau. Au Québec, ses nombreuses conquêtes amoureuses et les journaux à potins qu'il publiait retenaient davantage l'attention. Dix ans après la mort du personnage, un portrait de l'éditeur qu'il a été s'imposait.

En 1996, Pierre Péladeau révélait à la revue *Commerce* qu'il allait publier un livre : « Ce sera en quelque sorte mon testament au milieu des affaires[1]. » Son testament, s'il avait eu le temps de l'achever, il l'eût élevé à sa gloire personnelle. Toutefois, Pierre Péladeau n'aurait pas, dans ce récit, gommé l'âpreté et la violence du milieu des affaires. Une décennie de recul était nécessaire pour aborder, sans naïveté, la biographie de l'homme d'affaires le plus controversé du Québec.

Self-made-man, Pierre Péladeau l'était sans aucun doute, mais contrairement à ce qu'il laissait entendre, l'homme d'affaires ne fit jamais partie des « gens ordinaires » qui lisent aujourd'hui ses publications. Né à Outremont de parents lettrés qui vivaient dans l'opulence, il connut davantage la déchéance que la misère.

C'est par hasard que Pierre Péladeau s'orienta vers les journaux, en homme d'affaires opportuniste. Il comprit rapidement les tenants et aboutissants du métier d'éditeur et se prit à aimer les journaux. Bien que Quebecor fût devenue, à la fin de sa vie, une imprimerie de calibre mondial, Pierre Péladeau s'occupait la plupart du temps des journaux.

L'ascension de Pierre Péladeau est, en soi, impressionnante. Qu'il se lançât ainsi dans une industrie qui amorçait alors un lent déclin dans la deuxième moitié du vingtième siècle l'est plus encore. En effet, si on passe sous silence les publications gratuites, l'immense majorité des quotidiens nord-américains ont été fondés avant 1950. Le *Journal de Montréal* et le *Journal de Québec*, les journaux *Sun* et le *USA Today*, tous des tabloïds populaires, figurent parmi les exceptions.

En 1950, justement, Pierre Péladeau rachetait le *Journal de Rosemont* et, en 1964, il lançait le *Journal de Montréal*. La télévision était alors considérée comme le média de l'avenir, mais Pierre Péladeau possédait des imprimeries et voulait les rentabiliser. Durant un demi-siècle, il a bâti son empire à un rythme effréné, à une vitesse qui était supérieure, et de loin, à celle de l'affaissement de l'industrie. Contrairement aux conglomérats médiatiques gonflés par acquisitions, l'empire Péladeau doit son envergure à la volonté et à la vision de son créateur. Selon l'homme d'affaires, seuls les tabloïds avaient de l'avenir ; le temps lui donne chaque jour un peu plus raison.

L'histoire des entreprises de Pierre Péladeau, de 1950 à nos jours, se confond avec celle des médias imprimés à l'échelle mondiale. Étonnamment, cette histoire de journaux débuta à Outremont par les déboires financiers d'un riche marchand de bois qui s'était fait tout seul : Henri Péladeau. Les succès du baron de la presse ne s'expliquent en rien par l'histoire familiale, puisque Henri Péladeau, son père, fit faillite avant la Grande Dépression. Pierre

Péladeau fut toute sa vie hanté par ce que lui et sa famille considéraient comme une humiliation.

Son père ne lui légua ni journaux ni fortune, mais une soif inextinguible de vengeance. Pierre ne fut pas le digne fils d'Henri, bien au contraire. Le nom Péladeau est devenu rien de moins qu'une marque de commerce dans l'imaginaire collectif. Le défunt magnat de la presse a donc gagné son pari.

PREMIÈRE PARTIE

GENÈSE D'UN MILLIARDAIRE REBELLE

CHAPITRE I

HENRI PÉLADEAU

Le destin de Pierre Péladeau s'inscrit dans la tradition américaine du *self-made-man*. Toutefois, là où il s'éloigne de l'archétype véhiculé par le rêve américain, c'est dans ses origines. En effet, le futur milliardaire n'était issu ni d'une famille de paysans ni de pauvres immigrants, comme c'est souvent le cas des hommes au destin semblable, mais plutôt d'une famille bourgeoise dont la fortune s'était démantelée quelques mois avant sa naissance.

Fils de paysan, Henri Péladeau, le père de Pierre, avait fait fortune dans l'industrie du bois. Après des études classiques au séminaire Saint-Charles-Borromée, à Sherbrooke, il vint s'établir à Montréal, où il travailla pour O. Dubois Company, entreprise au nom évocateur qui œuvrait dans le domaine du bois. Henri Péladeau en devint le gérant général – c'est-à-dire le directeur général – en 1908. Trois ans plus tard, il quitta cependant la direction de cette entreprise pour lancer sa propre affaire.

C'est cette même année, soit en 1911, que Henri Péladeau épousa une très fière fille de commerçant. Elmire Fortier, de son nom de jeune fille, fumait le cigare, jouait aux cartes et conduisait. Elle n'était pas pressée de se marier et était devenue ce qu'on appelait une « vieille fille » à l'époque. Elle se maria à l'âge de 29 ans. Le 18 janvier 1911, Henri Péladeau arriva en retard à la cérémonie, vraisemblablement à cause de ses affaires. Le jeune homme le regretterait amèrement, puisque sa femme, le « petit général » comme l'appellerait plus tard Pierre Péladeau, ne l'oublierait jamais.

À son compte, Henri Péladeau mit sur pied un clos de bois, une sorte de quincaillerie où les promoteurs immobiliers venaient s'approvisionner en bois d'œuvre. En 1919, son affaire ayant pris de l'expansion, il s'associa à Zénophile Péladeau et à trois autres actionnaires pour fonder la société Henri Péladeau limitée. Le 6 février 1919, le jour de son incorporation, la nouvelle société, dont Henri Péladeau était le principal actionnaire, disposait d'un capital-action de 99 000 « piastres », pour utiliser le langage des lettres patentes de l'époque.

En dollars constants, la société Henri Péladeau limitée vaudrait aujourd'hui plus de un million de dollars[2]. Si on tient compte des immobilisations et de la société de transformation de bois que détenait aussi Henri Péladeau au début du siècle dernier, on peut conclure qu'Henri Péladeau était riche. À l'époque, seuls quelques rares Canadiens français pouvaient se targuer d'avoir bâti une telle fortune, le milieu des affaires étant alors largement dominé par les anglophones. Henri Péladeau avait pour comptable celui qui allait devenir l'un des maires de Montréal les plus marquants, Camillien Houde. Il avait de plus son chauffeur personnel et sa femme Elmire avait également le sien.

Le clos de bois d'Henri Péladeau avait pignon sur rue au 1211, rue Ontario Est. On y détaillait des planches propres à la construction, issues de la transformation de troncs d'arbres achetés en grande quantité. Dans le même quartier, au 410, rue

Parthenais, il détenait une autre société, la Montreal Hardwood Lumber & Flooring Limited, dédiée à la transformation du bois en lattes de bois franc, en portes et en châssis de fenêtres.

1. La parole qui vaut de l'or

Un voyage en Allemagne allait sceller le destin du clan Péladeau. Ayant visité une usine allemande de fabrication de bois franc, Henri en revint enthousiaste. Il voulait reproduire à Montréal les procédés modernes qu'il avait pu observer en Europe. Puisqu'il n'arrivait pas à répondre à la demande avec la machinerie qu'il possédait rue Parthenais, il lui sembla logique d'investir pour augmenter sa capacité de production.

Riche de deux sociétés dans le domaine du bois et d'une série de propriétés immobilières sur l'avenue du Parc, à Outremont, Henri Péladeau se sentait capable d'assumer la construction d'une usine ultramoderne qui lui assurerait une production – et une productivité – accrue. Il concevait pourtant que pour rentabiliser une telle machinerie, il fallait s'assurer de l'alimenter constamment en matière première. En effet, en deçà d'un certain volume de production, la construction de l'usine ultramoderne eût été ruineuse. Dans cette optique, Henri Péladeau s'entendit au préalable avec deux magnats de l'industrie du bois, qui promirent de lui fournir de grandes quantités de bois une fois l'usine construite.

Elmire, la femme forte qu'Henri Péladeau avait épousée alors qu'elle avait 29 ans, l'incitait à signer un contrat. Selon elle, son mari ne devait pas se fier à la parole de ces deux industriels. Du moins, c'est la version des faits rapportée par Elmire Fortier à son fils benjamin, Pierre Péladeau. Or Henri, qui ne pouvait pas concevoir qu'un gentleman ne respecte pas sa parole, se contenta malgré tout d'un engagement verbal. Plus que tout autre événement, ce faux pas marqua, voire provoqua l'ascension de Pierre Péladeau en tant qu'homme d'affaires.

La construction de l'usine à bois franc s'avéra plus coûteuse que ne l'avait estimé Henri Péladeau, si bien qu'il dut se départir, une à une, de ses maisons, puis de son clos à bois. Une fois les travaux terminés, il ne restait à Henri Péladeau que sa maison familiale, des dettes et une usine prête à recevoir d'énormes quantités de bois.

Les fournisseurs qui devaient investir dans la nouvelle usine d'Henri Péladeau n'honorèrent pas leur parole. Arguant que leurs capitaux avaient depuis lors été investis ailleurs, ils ne confièrent pas une brindille à Henri Péladeau. À défaut de matière première et de crédit supplémentaire pour s'en procurer, Henri Péladeau ne put ni exploiter son usine ni faire ses paiements. Il n'eut d'autre choix, le 11 janvier 1924, que de placer Henri Péladeau limitée sous la protection de la Loi sur la faillite.

2. La faillite

La période qui s'étale entre janvier 1924 et mai 1925 dut être éprouvante pour Henri Péladeau et sa famille. Il n'avait plus droit de regard sur son usine si durement mise sur pied. Il appartenait aux liquidateurs d'« administrer » les biens de la société Henri Péladeau limitée. Homme de parole et d'honneur, Henri Péladeau ne pouvait pas se résoudre à mettre en faillite son entreprise.

Prêt à tout pour éviter cet opprobre, il opta plutôt pour une cession de biens. Il céda donc Henri Péladeau limitée et la Montreal Hardwood Lumber & Flooring Limited aux hommes d'affaires qui avaient causé son effondrement financier. Le 1er mai 1924, en s'engageant à payer les dettes des entreprises d'Henri Péladeau, leur propre entreprise, la Mount Royal Flooring, s'enrichit d'une usine moderne permettant de transformer rapidement des troncs d'arbres en lattes de bois franc.

3. La crise

On rapporte souvent à tort que la fortune du père de Pierre Péladeau s'est effondrée avec le krach boursier de 1929. Toutefois, le commerçant de bois d'Outremont ne s'est pas écroulé à cause des conditions économiques, bien au contraire. En 1924, l'industrie du bois se portait à merveille à Montréal. Un article de *La Presse* datant de 1924 dresse le portrait d'une industrie florissante : « Le barème des emplois, dans les industries du bois, au cours de l'été 1923, s'élève à un niveau considérablement plus haut qu'en 1922 et 1921. Durant les sept premiers mois de l'année, 20 000 travailleurs furent ajoutés aux listes de paye des compagnies faisant rapport[3]... »

En vérité, Henri Péladeau perdit sa fortune à cause d'associés malhonnêtes. Toutefois, sans l'avènement catastrophique de la Grande Dépression, il aurait sans doute réussi à reconstruire sa fortune. En effet, Henri Péladeau ne se laissa pas décourager par une telle chute. À l'aide d'un montant de 25 000 $ emprunté à son frère Philippe, il acheta un autre terrain, à Outremont cette fois, pour en faire un nouveau clos de bois. Cette entreprise, qu'il exploita jusqu'à la fin de sa vie, portait le nom de Péladeau Lumbing Company.

À sa mort, le vendredi 4 octobre 1935, malgré son acharnement au travail, il ne laissa pour héritage à sa veuve qu'une police d'assurance et des dettes. Fumeur invétéré, Henri Péladeau fut emporté par une pneumonie alors qu'il était atteint d'un cancer incurable de la gorge. Il laissait dans le deuil sa femme et ses sept enfants.

CHAPITRE II

UNE ENFANCE RUINÉE

Né le 11 avril 1925 sous le nom de Joseph-Pierre-Robert-Gaston Péladeau, le dernier-né de la famille Péladeau fut baptisé le lendemain à la paroisse de Saint-Viateur, à Outremont. Pierre Péladeau avait 10 ans lorsqu'il fit le deuil de son père et, par voie de conséquence, celui de tout espoir de voir la fortune familiale reconstituée. Le lundi suivant le décès de son père, il se rendit aux funérailles avec le manteau d'un ami, à la même paroisse Saint-Viateur. Il suivait la bière aux côtés de l'aîné de la famille, Henri-Paul Péladeau, comme le voulait la tradition.

Henri Péladeau qui, du temps de son opulence, était connu et apprécié dans sa paroisse, avait peu à peu sombré dans l'isolement après l'effondrement de sa fortune. Malgré tout, les cinq principaux quotidiens montréalais de l'époque ont consacré quelques lignes à la mémoire de l'industriel montréalais, soit les quotidiens francophones *Le Devoir*, *La Presse* et *La Patrie* ainsi que les quotidiens anglophones *The Gazette* et *The Montreal Daily Star*. Cette attention des journaux n'attira toutefois pas les foules aux funérailles, puisque la famille Péladeau assista presque seule à l'inhumation d'Henri Péladeau, mort à l'âge de 51 ans.

1. La clef

On rapporte que la naissance de Pierre Péladeau a coïncidé avec l'effondrement de la fortune paternelle, ce qui a fait dire à sa sœur Denise : « Avec lui, le malheur est entré dans la maison. » Cette phrase assassine, doublée de la prétention d'Elmire selon laquelle son mari n'aurait pas tout perdu s'il l'avait écoutée, constitue la clef de voûte de la destinée du personnage. S'il est impossible de vérifier si les propos de la mère sont vrais, on peut aisément réfuter les prétentions de la sœur. En effet, l'entreprise d'Henri Péladeau fut mise en faillite le 11 janvier 1924, tandis que Pierre naquit le 11 avril 1925. Un an et demi, environ, sépare donc les deux événements. Quoi qu'il en soit, Pierre Péladeau grandit avec le sentiment qu'il avait causé la perte de sa famille. Pour racheter ce malheur et apaiser sa culpabilité, il allait tout faire pour réussir là où son père avait échoué.

Jean Côté rapporte ces paroles de Pierre Péladeau : « C'était injuste que deux coquins aient précipité notre famille dans la pauvreté. […] Un jour, je prendrai ma revanche, me disais-je. Je deviendrai riche pour venger mon père[4]. » Chaque fois qu'on l'interrogea sur ce qui, fondamentalement, avait motivé sa quête effrénée de réussite dans le monde des affaires, Pierre Péladeau répondit : « Je voulais venger mon père. »

Placée sous le signe de la ruine, son enfance n'eut rien de typique. Élevé à Outremont, au 339 de la rue Stuart, puis dans une maison plus modeste du même arrondissement, le benjamin des Péladeau ne vivait pas la pauvreté comme n'importe quel enfant issu d'un quartier ouvrier, mais comme un opprobre, une situation inacceptable. L'indigence de la famille Péladeau avait un nom : la ruine.

2. Une mère froide

La fierté quasi aristocratique de la mère du jeune Pierre Péladeau accentuait pour lui le caractère inacceptable de la pauvreté. Femme indépendante dans sa jeunesse, elle fut sans aucun doute la femme forte de la famille et son pilier après la mort de son mari. À la mort de son père, Pierre Péladeau, qui était le benjamin de la famille, se retrouvait seul avec sa mère, sa sœur Denise et son frère Henri-Paul. Le reste de la fratrie avait déjà quitté le domicile familial.

Fille du propriétaire d'un magasin général, Elmire Péladeau se croyait supérieure de naissance à son mari qui, bien que riche commerçant, était issu d'une famille de cultivateurs. En plus de sa fierté proverbiale, Elmire Péladeau pouvait compter sur une formation d'enseignante, qui faisait d'elle l'une des rares femmes instruites de l'époque. Aussi se montra-t-elle exigeante en ce qui a trait à l'éducation de ses fils, qui transitèrent d'ailleurs tous par le collège classique.

Elmire Péladeau tenait à ce que ses enfants réussissent, mais elle leur témoignait peu d'affection. Elle ne faisait aucune place à la douceur et au sentiment dans son quotidien qui consistait à faire preuve d'imagination pour subvenir aux besoins de sa famille.

3. Privations à Brébeuf

Pour simuler l'abondance alors que rien n'allait plus chez les Péladeau, le petit dernier était, au même titre que ses voisins, envoyé au cossu collège Jean-de-Brébeuf. Le jeune Pierre y ressentait sa pauvreté plus que dans toute autre institution, puisqu'il côtoyait chaque jour des enfants de familles bourgeoises. Chaque après-midi, on distribuait des brioches aux élèves, goûter qu'ils accompagnaient d'un berlingot de lait à cinq cents. Pierre, quant à lui, prétextait ne pas aimer le lait, car il n'avait pas assez d'argent pour s'en acheter.

Il affectait également ne pas aimer patiner, sa mère n'ayant pas les moyens de lui offrir des patins. Toutefois, le jeune homme parvint vraisemblablement à se procurer une raquette. Plus tard, à l'âge adulte, il ne pouvait souffrir d'autre sport que le tennis. Même riche, il ne digérait pas l'indigence qui l'avait privé de patinage dans son enfance. Son dernier adjoint, Bernard Bujold, relate d'ailleurs qu'il pouvait passer une soirée dans une loge sans poser une seule fois son regard sur la glace où se déroulait un match de hockey.

Un jour, comble de l'humiliation, il apprit que c'était grâce à la charité des Jésuites qu'il pouvait fréquenter le prestigieux collège Jean-de-Brébeuf. Furieux, il se rebiffa à tel point qu'il trouva le moyen de payer lui-même ses droits de scolarité. Il avait compris la mécanique de ce qu'il ferait toute sa vie ; il avait compris comment faire de l'argent.

4. Sapineries

Si Pierre Péladeau embrassa la carrière d'éditeur par hasard, il avait toujours brassé des affaires et sut qu'il en brasserait toute sa vie. Il s'était ainsi livré, tout au long de ses études, à différentes activités commerciales, de la vente de sapins à la production de spectacles.

Le bureau de poste offrait aux étudiants de travailler durant le congé de Noël pour une rémunération totale de plus ou moins 50 $. Pierre Péladeau se laissa tenter une année, mais la suivante, il était résolu à gagner davantage. C'est ainsi que l'astucieux adolescent – il avait à peine 13 ans – se lança dans le commerce des sapins... sans aucun capital initial. On le verra, Pierre Péladeau répétera cette prouesse dans toutes ses entreprises de jeunesse, y compris son premier journal et sa première imprimerie.

Pour son commerce de sapins, Pierre Péladeau engageait des étudiants, qu'il payait à la commission, pour faire du porte-à-porte. Ces derniers prenaient les coordonnées des acheteurs, qui ne payaient qu'après avoir reçu leur arbre de Noël. Pierre, quant à lui, s'occupait de la livraison. À défaut de véhicule, il les livrait tout simplement comme il avait l'habitude de se déplacer : en autobus et en tramway.

Il s'arrangeait pour recevoir sa livraison de sapins le vendredi soir. Le camionneur déchargeait son camion puis, au moment d'être payé, il apprenait que le jeune acheteur n'avait pas d'argent liquide. Le camionneur, dont la politique était pourtant de se faire payer en argent comptant, préférait prendre le chèque que lui tendait le jeune Péladeau plutôt que de recharger le camion en plein hiver, un vendredi soir de surcroît. Pierre livrait les sapins durant la fin de semaine et s'assurait de déposer dans son compte le lundi matin la somme due au camionneur. Entre-temps, les banques étaient bien sûr fermées.

5. Un futur contrevenant

Pierre Péladeau disait que s'il ne s'était pas lancé en affaires, il serait devenu un repris de justice. Plus tard, il en embauchera d'ailleurs un comme chauffeur et un autre comme cadre. Il embauchera même des felquistes à leur sortie de prison.

Même s'il l'avait voulu, Pierre Péladeau n'aurait pas pu se fondre dans le moule de la société. Il était tour à tour perçu comme étrange, diabolique ou génial : jamais il ne fut perçu comme un homme ordinaire. Du reste, il n'aurait jamais pu assouvir ses ambitions en tant qu'employé : d'une part, ses manières de rustre auraient freiné son ascension au sein d'une entreprise autre que la sienne et, d'autre part, ses ambitions ne se seraient jamais contentées d'un modeste poste de direction. Par conséquent, deux choix s'offraient à lui. Ou bien il évoluait dans le monde des affaires, ou bien il ferait son chemin dans le monde interlope. D'une manière ou d'une autre, Pierre Péladeau devait être son propre patron.

Sans dogme ni morale, Pierre Péladeau développa très jeune une passion qui le suivit tout au long de sa vie : faire de l'argent. Le jeune joueur de tennis qu'il était s'était vu confier la gestion quotidienne du club de tennis Le Stuart, ainsi que de la cantine qui y était rattachée, où il vendait des sodas et des friandises. Pour maximiser les profits, le polisson n'hésitait pas à vendre aussi de la bière « sous le manteau ».

Après la contrebande d'alcool, le benjamin du clan Péladeau s'essaya au jeu illégal. Sans doute fut-il inspiré en cela par sa mère qui, jouant aux cartes avec ses amies, ne pouvait pas tolérer de perdre la pièce de cinq cents mise en jeu… Elmire « jouait pour gagner ». Cette expression, Pierre Péladeau la fit sienne. Ainsi, il avait organisé un tripot dans le sous-sol de la maison familiale. Les jeunes joueurs entraient par la porte de devant et ressortaient par la porte de derrière, la mine basse paraît-il, parce que, comme sa mère, Pierre Péladeau jouait pour gagner.

CHAPITRE III

TEMPS DE GUERRE

En septembre 1939, au début de la Seconde Guerre mondiale, Pierre Péladeau avait 14 ans et entamait une autre année scolaire au collège Jean-de-Brébeuf. Deux ans plus tard, à 16 ans, il devenait susceptible d'être appelé à combattre, puisque l'enregistrement obligatoire s'adressait aux hommes âgés de 16 à 60 ans. Pour éviter le service militaire actif, les étudiants pouvaient se joindre à un contingent d'élèves officiers du Canada (C. E. O. C.). C'est ainsi que, en s'astreignant à quelques séances d'entraînement militaire chaque semaine, Pierre Péladeau put poursuivre ses études et échapper au front.

1. Contre la conscription

Lors de l'élection partielle fédérale du 30 novembre 1942, deux candidats se disputaient la circonscription d'Outremont. Le général Laflèche, qui se présentait sous la bannière libérale, et Jean Drapeau qui, avant de devenir le maire de Montréal, incarnait l'opposition francophone à la conscription sous la bannière du

Bloc populaire canadien. Les journaux de l'époque, *La Presse* en tête, appuyaient le candidat libéral, à une exception près. En effet, au diapason de la population francophone, qui avait massivement voté contre la conscription en 1942, *Le Devoir* appuyait Jean Drapeau.

Cette année-là, Pierre Péladeau fut renvoyé du collège Jean-de-Brébeuf, cette fois pour des raisons politiques. À l'aide d'une quarantaine d'élèves qu'il avait recrutés au collège, il s'était rendu coupable de la distribution massive du quotidien *Le Devoir.* Le préfet du collège l'avait rencontré pour l'intimer de cesser ces activités. Puisque c'était grâce à l'opposant de Jean Drapeau, le général Laflèche, que le collège Brébeuf avait réussi à obtenir un contingent d'élèves officiers du Canada, le préfet craignait de perdre cette prérogative et, par voie de conséquence, ses élèves, au profit de la guerre. Pour sa part, Pierre Péladeau s'était engagé auprès du Bloc populaire à distribuer *Le Devoir*; il ne tint pas compte de l'avertissement du préfet… et fut renvoyé du collège. Il quitta ainsi le prestigieux collège jésuite Jean-de-Brébeuf pour un autre, presque aussi renommé et tout aussi jésuite : le collège Sainte-Marie.

Comme l'immense majorité des francophones, qui avaient voté contre la conscription à l'occasion du référendum de 1942, Pierre Péladeau considérait que la guerre était surtout celle des Européens. Il n'eût en aucun cas accepté d'intégrer les rangs de l'armée canadienne. À un journaliste, il confia d'ailleurs que la seule valeur qu'il avait à cette époque était le nationalisme. Il s'identifiait entre autres à André Laurendeau, cofondateur du Bloc populaire, parti justement créé pour exprimer l'opposition des Canadiens français à la conscription. Le nationalisme de Pierre Péladeau sera traité plus en profondeur dans le prochain chapitre.

2. Henri-Paul

Henri-Paul Péladeau, qui fut longtemps le seul frère avec qui Pierre cohabitait dans la maison familiale, était l'intellectuel de la famille, ses autres frères s'étant tous très tôt lancés en affaires. Alors que Pierre se dérobait à l'armée grâce au C.E.O.C., son frère Henri-Paul, grand consommateur de littérature, découvrit une occasion inespérée de devenir éditeur de livres à une époque où, au Québec, ce métier était pratiquement inexistant.

Au Québec, l'écrasante majorité des livres vendus provenaient de la France. À l'occasion de la Seconde Guerre mondiale, le Québec fut du jour au lendemain privé de son principal fournisseur de livres, la France, qui était en guerre contre l'Allemagne nazie. Le conflit mondial avait ainsi raréfié les livres au Québec mais aussi, plus important encore, les manuels scolaires dont les milliers d'étudiants avaient besoin chaque année. Pour ne pas que les étudiants soient victimes de la pénurie de livres qui sévissait au pays, en 1940, le gouvernement du Canada permit aux éditeurs, par voie de règlement, de rééditer des ouvrages français dont on ne pouvait pas se procurer d'exemplaires au Canada, et ce, sans même qu'il soit nécessaire d'en acquérir les droits[5]. L'absence du livre français sur le marché québécois, doublée du règlement gouvernemental, était une occasion inespérée pour les entrepreneurs québécois de se lancer dans l'édition de livres.

Fondées par Henri-Paul Péladeau en 1940, les éditions Variétés naquirent en même temps qu'une pléthore d'autres éditeurs de livres, dont Fides. Comme la plupart des maisons d'édition fondées à cette époque – Fides faisant figure d'exception –, les éditions Variétés d'Henri-Paul Péladeau ne survécurent pas longtemps après la guerre et rendirent l'âme en 1952. Premier éditeur de la famille Péladeau, Henri-Paul n'avait pas, en affaires, le talent de son impétueux jeune frère.

3. Les sympathies du jeune Pierre

À l'époque de la Seconde Guerre mondiale, Pierre Péladeau avait des sympathies pour le camp fasciste. Quand on l'interrogeait à ce sujet, il répondait en racontant l'histoire d'un voisin italien : « Un brave homme. Tous les dimanches, il mettait sa chemise noire de fasciste et allait faire une marche avec mon père sur le chemin de la Côte-Sainte-Catherine. [...] Eh bien, quand la guerre a été déclarée, il a rapidement été arrêté et envoyé au camp de concentration de Petawawa. Ils l'ont gardé là pendant toute la durée de la guerre. Mais son fils, qui avait 18 ou 20 ans, a été appelé sous les drapeaux du Canada... pour faire la guerre aux Italiens[6] ! »

Aimant la controverse, Pierre Péladeau se montrait en effet sympathique à ceux que combattaient les alliés. Tant et si bien que, même une fois la guerre terminée, on pouvait observer dans son bureau d'Imprimerie Hebdo un buste de Mussolini et une croix gammée. Un ancien associé de même que son fidèle conseiller juridique ont témoigné de la présence de ces symboles dans son bureau. Si le témoignage[7] de son associé d'alors, Paul Désormiers, est peu crédible – à cause du litige qui l'opposa à Pierre Péladeau –, celui de Wilbrod Gauthier ne laisse pas place au doute.

Son goût pour la provocation, allié à une certaine fascination pour le culte de la « force » entretenu par Mussolini et Hitler, amena Pierre Péladeau à s'associer à de tels symboles. Le principal intéressé n'a jamais nié cette sympathie de jeunesse. Plus tard, il joua plutôt d'adresse pour éluder toute question qui s'y rapportait. Jamais, de toute sa vie, il ne s'excusa pour quoi que ce soit. C'était un être à prendre ou à laisser ; dans sa jeunesse, la deuxième option fut plus souvent choisie que la première.

4. Renvoyé trois fois plutôt qu'une

Pierre Péladeau arrêta définitivement de boire en 1974, mais il avait commencé à fréquenter les tavernes bien avant d'atteindre l'âge légal. Un soir où le jeune homme de 18 ans avait bu pour la peine, il n'arrivait pas à s'assoupir dans la tente commune du camp d'entraînement du C.E.O.C., à Farnham. Histoire de plaisanter, il s'amusa à déchausser les poteaux qui soutenaient la tente, laquelle s'affaissa sur sa vingtaine d'occupants. Les officiers, n'ayant pas apprécié son humour particulier, prirent en chasse le jeune étudiant nu, qui sous la pluie avait pris les jambes à son cou.

Le lendemain, il comparut en cour martiale pour insubordination, insulte à un officier supérieur et alcoolisme. Son renvoi du C.E.O.C. l'exposait de nouveau au service militaire actif. Heureusement, l'armée était alors désorganisée et l'étudiant du collège Sainte-Marie réussit sans peine à se faire « recruter » dans un autre C.E.O.C., qui n'avait reçu aucun dossier sur le jeune contrevenant.

Au collège Sainte-Marie, Pierre Péladeau ne tint pas tout à fait un an. Ennuyé par ses études, qu'il poursuivait pour la double raison qu'il ne voulait pas aller à la guerre et que sa mère n'aurait pas accepté qu'il décroche, il se rendait rarement à ses cours. L'étudiant Péladeau avait l'habitude de trinquer avec des camarades dans une taverne contiguë au collège. Un jour, il oublia l'heure et se présenta au collège tard dans l'après-midi. Le préfet, qui l'attendait à la porte de l'établissement, ne voulut pas entendre les histoires du jeune comédien, qui exhalait alors une forte odeur de houblon. Pierre Péladeau fut une fois de plus renvoyé et termina son année de rhétorique à la maison Mongeau Saint-Hilaire. Puisqu'il lui manquait sa philosophie pour terminer son cours classique, il alla compléter cette matière à l'Université de Montréal.

CHAPITRE IV
LE NATIONALISTE

Durant ses études à Brébeuf, Pierre Péladeau avait épousé la cause nationaliste québécoise, dans laquelle il retrouvait en quelque sorte sa lutte contre l'humiliation. Sa poursuite effrénée de la richesse matérielle allait toute sa vie faire contrepoids au dénuement qu'il avait vécu dans sa jeunesse, pour réparer l'humiliation vécue par son père. Le jeune Pierre Péladeau connaissait d'ailleurs l'identité des hommes d'affaires peu scrupuleux qui avaient causé le déshonneur de sa famille. Que ces bonzes de l'industrie du bois aient été de langue anglaise expliquerait en grande partie les convictions de Pierre Péladeau, en premier lieu son nationalisme économique.

Tantôt souverainiste avoué, tantôt trop prudent pour se prononcer, Pierre Péladeau était fier du Québec et en aurait porté l'étendard partout dans le monde. Ce n'est pas pour rien que sa société milliardaire fut nommée « Quebecor ».

1. Lionel Groulx

Enfant, Pierre Péladeau servait la messe du chanoine Lionel Groulx. De cette expérience, il garda le souvenir d'un homme qui « projetait une force incroyable[8] ». Précurseur du nationalisme québécois, auteur d'une grande quantité d'ouvrages et d'articles historiques, prêtre catholique, Lionel Adolphe Groulx laissa aussi derrière lui plusieurs écrits antisémites. De la xénophobie de Lionel Groulx, Pierre Péladeau disait d'ailleurs : « Il était à 100 % pour le Québec. Cette histoire de xénophobie a été inventée par une jeune tête folle; ce sont des inventions sans fondements[9]. »

Défenseur d'un Canada français, mais aussi d'un État français du Québec, Lionel Groulx n'en était pas à une contradiction près. Aussi, ses défenseurs font étalage de textes où il se porte à la défense des juifs. Durant ses études universitaires, Pierre Péladeau eut pour professeur d'histoire celui qu'on appelle le chanoine Groulx; il développa sa pensée nationaliste dans le même sens que celle de son ancien professeur.

Fervent nationaliste dans sa jeunesse, Pierre Péladeau ne cessa jamais de l'être, mais il ne voyait pas comme fondamentale la question de l'indépendance. Pour lui, l'important était la fierté de ses semblables. En cela il rejoignait encore une fois le nationalisme de son maître à penser qui, dans son œuvre, n'avait pas hésité à créer de toutes pièces des héros historiques pour les Québécois.

2. Souverainiste?

« Je pense qu'il était nationaliste, mais je suis loin d'être convaincu qu'il était séparatiste[10] », déclarait André Gourd en parlant de Pierre Péladeau. En affirmant une telle chose, l'ancien président de Quebecor ne faisait pas preuve de mauvaise foi. Plutôt souverainiste que le contraire, Pierre Péladeau demeura tout au long de sa vie nationaliste, mais ne fit que très peu la promotion de l'indépendance du Québec. Sa conviction personnelle, cependant, penchait nettement du côté de la souveraineté : « Je ne suis pas dans le secret de l'urne électorale, mais je suis hyper-convaincu que Pierre a voté oui en 1995 et qu'il avait voté oui en 1980 », suppose Guy Fournier, fédéraliste notoire et ami de Pierre Péladeau.

Avant même la fondation du Parti québécois, Pierre Péladeau avait pris position en faveur de la souveraineté. Dès 1963, il déclara sur les ondes de CKLM que « l'indépendance du Québec [était] la seule issue possible[11] ». Il tint à maintes reprises des propos similaires. En 1990, il répondait ainsi à Robert Guy Scully sur les ondes de Radio-Canada : « Tôt ou tard, le Québec va être une entité politiquement indépendante. On peut pas faire autre chose [...] Je le crois davantage aujourd'hui[12]. »

Bien qu'inévitable, la souveraineté était pour Pierre Péladeau moins pressante que le développement de l'économie québécoise. L'indépendance ne devait pas se concrétiser avant que le Québec soit aussi bien développé que ses voisins sur le plan économique. Souverainiste économique d'abord et avant tout, il croyait fermement que les Québécois devaient en premier lieu contrôler les commerces de détail. Dans ses conférences, il citait d'ailleurs fréquemment Jean Coutu qui, à partir d'une pharmacie de Longueuil, avait créé un géant du détail au Canada et aux États-Unis.

On dit que le numéro de téléphone du siège social de Quebecor World à Montréal (514 954-0101) fut choisi en référence à la loi 101. Dans une entreprise fondée par Pierre Péladeau, cette rumeur n'est vraisemblablement pas sans fondement.

3. Entre René et Brian

Après sa défaite lors des élections d'avril 1970, le fondateur du jeune Parti québécois, René Lévesque, se joignit au *Journal de Montréal*. Pierre Péladeau, qui le considérait comme le plus grand homme politique que le Québec ait connu, n'en demeurait pas moins critique face à la souveraineté, que Lévesque prôna lors du référendum de 1980. Tant dans ses conférences qu'en entrevue, il martelait que l'indépendance politique du Québec ne devait pas se concrétiser avant que notre économie soit assez développée. Sinon, prétendait-il, le Québec serait condamné à devenir une « république de bananes ».

Pierre Péladeau fréquenta René Lévesque pendant une longue période, mais les politiciens dont il se rapprocha le plus sur le plan professionnel furent respectivement unioniste et conservateur : Maurice T. Custeau et Brian Mulroney. Pierre Péladeau appelait le premier « Monsieur le ministre », en raison des fonctions qu'il avait occupées dans un précédent gouvernement de l'Union nationale. C'est Custeau qui fut à l'origine du déménagement du *Journal de Montréal* au 4545, rue Frontenac ; c'est de plus sous sa vice-présidence que le *Journal de Montréal* franchit le cap des 300 000 exemplaires par jour. Si Pierre Péladeau n'était l'homme d'aucun parti, la sympathie de ses journaux jaunes allait clairement du côté de l'Union nationale – du moins, avant la fondation du Parti québécois.

Aujourd'hui président du conseil d'administration de Quebecor World, l'ancien premier ministre conservateur Brian Mulroney travailla pour Quebecor dès 1970, en tant que négociateur patronal. Avocat du cabinet Ogilvy Renault, Mulroney négocia la première convention collective du *Journal de Montréal*, laquelle fut signée le 2 septembre 1976. Le 30 septembre 1985, alors qu'il était devenu premier ministre du Canada, il assista avec son homologue du Québec René Lévesque à l'inauguration du 4545, rue Frontenac. Il est à noter que l'ancien conseiller de Brian Mulroney, Luc Lavoie, devint par la suite vice-président aux affaires corporatives de Quebecor. Très présent dans les médias, il était considéré comme le bras droit de Pierre-Karl Péladeau, successeur de Pierre Péladeau à la tête de Quebecor.

4. Embauches felquistes

On dit de Pierre Péladeau qu'il a aidé des felquistes en les embauchant au *Journal de Montréal* et au *Journal de Québec*. Pierre Péladeau soutenait quant à lui qu'il les avait engagés pour leurs compétences. Ayant passé respectivement trois et quatre ans derrière les barreaux, Pierre Schneider et Jean-Denis Lamoureux se joignirent à Quebecor à leur sortie de prison. Le premier devint directeur de l'information du *Journal de Montréal* tandis que le second, après avoir été responsable de la propagande au Front de libération du Québec (FLQ), travailla comme journaliste pour les hebdos de Quebecor, avant de devenir lui aussi directeur de l'information au *Journal de Montréal.*

Ces deux exemples démontrent qu'avoir fait partie du FLQ ne ruinait pas les chances d'avancement d'un candidat chez Quebecor. En vérité, au sein de la société de Pierre Péladeau, nulle opinion politique n'aurait pu nuire à un candidat. Ainsi, l'éternel conseiller financier de Pierre Péladeau, Charles-Albert Poissant, était un fédéraliste notoire, membre en règle du Parti libéral du Québec et ami personnel de Robert Bourassa. Il fut d'ailleurs nommé commissaire à la commission Bélanger-Campeau pour plaider en faveur de l'option fédéraliste.

5. En 1995

Lors du référendum de 1995 sur la souveraineté du Québec, Pierre Péladeau ne prit pas position publiquement. Il condamna cependant le geste du président de Bombardier, Laurent Beaudoin, qui avait envoyé une lettre à chacun de ses employés pour les inviter à voter contre la souveraineté. Aux journalistes qui lui demandaient de prendre position, Pierre Péladeau répondait qu'en tant que propriétaire de presse, ce n'était pas son rôle.

À l'occasion de la campagne référendaire, Pierre Péladeau laissa le président de Groupe Quebecor, Jacques Girard, prendre la tête des gens d'affaires pour le OUI. Peu exceptionnelle en soi, une telle implication politique était tout de même lourde de conséquences, si on considère le peu de popularité qu'avait l'option souverainiste dans le milieu des affaires. De plus, Groupe Quebecor était coté en bourse. L'action de l'entreprise était donc susceptible d'être influencée par les prises de position de ses dirigeants.

En 1995, l'appui de Pierre Péladeau à la souveraineté – sur laquelle Bernard Landry n'avait pas de doute, après un entretien[13] qu'il avait eu avec le personnage – ne se concrétisa pas en appui officiel. Pendant toute la période référendaire, Pierre Péladeau ne fit aucune déclaration en faveur de l'indépendance. Son appui se limita à répéter aux médias que la souveraineté ne lui faisait pas peur. Il passa cependant très près de franchir le pas qui aurait fait de lui le seul grand patron d'une multinationale à prendre position en faveur de l'indépendance durant la campagne référendaire.

En effet, approché par le camp du « Oui » pour enregistrer un message d'appui à la souveraineté, Pierre Péladeau se prêta au jeu. Contrairement aux messages de la brochette de personnalités qui ont été diffusés à la télévision, celui de Pierre Péladeau resta dans l'ombre. Le cofondateur de TQS et ami personnel de Pierre Péladeau, Guy Fournier, en témoigne : « Je sais que Pierre a enregistré un message, puisque c'est lui-même qui me l'a dit. Après réflexion, il s'est ravisé et a demandé à ce que son message souverainiste ne passe pas [à la télévision][14]. »

La souveraineté du Québec, en fait, ne fut jamais le combat de Pierre Péladeau. Déjà à l'époque de ses études universitaires, son camp était choisi : son combat était apolitique et son succès allait se mesurer en dollars.

CHAPITRE V
L'ÉCOLE DE LA VIE

Dès son plus jeune âge, Pierre Péladeau sut qu'il deviendrait millionnaire. C'est toutefois durant ses années universitaires qu'il développa plusieurs des principes qui firent sa fortune. Une fois établi et respecté en tant qu'homme d'affaires, il exposa son approche aux disciples de l'« école Péladeau », des employés venus parfaire leur connaissance des affaires auprès du controversé « gourou » qu'il était en quelque sorte devenu.

1. Une volonté toute « nietzschéenne »

À la fin de la guerre, Pierre Péladeau s'inscrivit à l'Université de Montréal pour compléter sa philosophie, nécessaire à l'obtention de son cours classique. L'homme d'affaires en devenir prit alors goût à la discipline, si bien qu'il poursuivit dans la même veine jusqu'à obtenir, de l'Université de Montréal, l'équivalent de ce qui s'appelle aujourd'hui une maîtrise. Introuvable dans les archives de l'université, le mémoire qu'il aurait déposé sur Friedrich Nietzsche aurait été d'une grande utilité pour comprendre la dynamique du personnage. Le ton bourru qu'adoptait Péladeau pour traiter de toute chose et son habitude de tout ramener à sa plus simple expression propagèrent indûment l'image d'un homme simple aux idées simples. Ainsi, dans ses conférences, Pierre Péladeau réduisait la pensée du philosophe qu'il avait étudié à la puissance de la volonté.

« La société est divisée en deux types de personnes : les forts et les faibles », expliquait le milliardaire à Robert Guy Scully[15]. « C'est nous, c'est notre volonté qui détermine à quelle catégorie nous voulons appartenir. » La pensée de Pierre Péladeau, qui était déjà débordant de confiance en son propre destin, se cristallisa à cette époque pour devenir une certitude inébranlable, inexorable.

Pierre Péladeau réussirait ou il se tirerait une balle dans la tête : « J'avais une bonne police d'assurance et je serais mort plutôt que de faire perdre un sou à ceux qui croyaient en moi[16] », déclarait-il en faisant référence aux premières actions de son entreprise, surtout achetées par ses proches. À première vue, ces paroles semblent relever de la figure de style. La perception change cependant si on considère que l'auteur de ces paroles était maniaco-dépressif et, sous les apparences d'un enthousiaste invétéré, pensait continuellement au suicide.

2. Le droit

Dans les années 1940, la plupart des hommes d'affaires n'avaient pas de diplôme. Ceux qui faisaient exception étaient le plus souvent avocats. Pierre Péladeau, dont la mère répétait toujours que la réussite passait par de longues études, entendait obtenir sa licence de droit. Après sa philosophie à l'Université de Montréal, il s'orienta donc en droit à McGill. Ce changement d'université se fit, selon Pierre Péladeau, pour une raison logique : les droits de scolarité étaient inférieurs du côté de l'université anglophone. Quoi qu'il en soit, Pierre Péladeau fréquenta la plus vieille et la plus prestigieuse des universités canadiennes.

Pierre Péladeau avait l'habitude de servir la boutade selon laquelle n'importe qui pouvait réussir son droit, puisque même lui l'avait fait… et n'y connaissait rien. Au-delà de l'image qu'il voulait projeter, Pierre Péladeau illustrait par là le peu d'intérêt qu'il avait eu pour ses études, sa force vive ayant plutôt été consacrée aux affaires : à ses activités d'imprésario et aux débats qu'il organisait. En effet, malgré son diplôme obtenu à McGill – dont on dit qu'il était trop occupé pour aller le quérir à l'université –, Pierre Péladeau ne pratiqua jamais le droit. Sans expérience juridique, il s'adjoignit d'ailleurs très tôt un conseiller en la matière.

Fidèle à sa philosophie du « *Keep it Simple* », Pierre Péladeau n'avait pas que des bons mots pour les MBA et autres diplômés : « Je me suis toujours méfié des titres trop ronflants qui se dégonflent au premier entretien[17] », disait-il. Parmi la haute direction de Quebecor, on trouvait bon nombre d'autodidactes. Bien qu'il appréciât l'apport des universités et collectionnât, à la fin de sa vie, les doctorats honorifiques, Pierre Péladeau entretenait tout de même une certaine méfiance envers ces hauts lieux de la théorie.

Pierre Péladeau aurait d'ailleurs traité son fils Érik Péladeau de fou lorsque celui-ci s'inscrivit à l'école des Hautes Études commerciales tandis qu'il négociait déjà des acquisitions se chiffrant en millions de dollars. L'aîné expliquait ainsi le point de vue de son père : « Il a engagé plusieurs MBA, des ingénieurs, mais il n'avait pas une trop haute opinion de ces gens-là. Il trouvait qu'ils étaient un peu imbus d'eux-mêmes et qu'ils s'assoyaient sur leur diplôme. […] Il aimait mieux des gars de terrain comme Jacques Beauchamp, qui était près des gens[18]. »

3. Avec ou sans moustache ?

Organisateur de débats tout au long de ses études universitaires, Pierre Péladeau sillonnait le centre-ville de Montréal pour poser des affiches et parler au plus de gens possible du thème du prochain débat. Ces soirées se démarquaient justement par leurs thèmes frivoles. Plutôt que de s'interroger, par exemple, sur la politique étrangère, l'entrepreneur en herbe allait chercher des orateurs capables de disserter sur des questions aussi futiles que : « Avec ou sans moustache ? », « Les hommes préfèrent-ils les brunes ou les blondes ? » et « Les femmes préfèrent-elles les hommes plus vieux ? »

Il fallait débourser un droit d'entrée pour assister à ces débats hilarants qui avaient lieu au cabaret Le Plateau. Ils étaient si populaires que le jeune homme d'affaires arrivait à remplir chaque semaine une salle de 1 200 places[19]. Dès cette époque, bien que désargenté, Pierre Péladeau acquit dans le milieu des artistes une certaine réputation. On le voyait déjà comme un homme d'affaires à surveiller. Ces débats furent aussi l'occasion pour lui de se familiariser avec le milieu. Grâce aux artistes et à la confiance qu'ils lui accordaient, le jeune entrepreneur réussit par la suite à imposer ses « journaux jaunes » au Québec.

CHAPITRE VI
ANDRÉ MATHIEU

Après s'être fait la main avec les débats oratoires, Pierre Péladeau essaya de produire une pièce de théâtre durant l'été 1948. L'expérience s'étant soldée par un échec complet, le futur baron de la presse, qui avait pour ambition de devenir un célèbre imprésario, se détourna définitivement du théâtre. L'été suivant, en 1949, le jeune homme de 24 ans vit dans le compositeur André Mathieu, qui en avait alors 20, une occasion en or de prouver au monde ses talents d'homme d'affaires.

1. Un Mozart québécois

Fils du compositeur Rodolphe Mathieu, André Mathieu naquit le 18 février 1929. Il composa ses premières pièces musicales dès l'âge de quatre ans et donna son premier concert à cinq ans au Ritz-Carlton Montréal. À sept ans, il triompha à Paris, d'où il revint en 1939, contraint de rester en Amérique à cause du déclenchement de la Seconde Guerre mondiale.

Durant la guerre, le jeune musicien s'installa à New York, où il se produisait au Town Hall. Il remporta par la suite le premier prix au concours des jeunes compositeurs organisé par l'Orchestre philharmonique de New York. Le compositeur Sergueï Rachmaninov, dont l'œuvre complexe représente un Everest pour les pianistes, déclara alors : « Vous êtes le seul pouvant avoir la prétention d'être mon successeur[20]. »

Après la guerre, en 1946, André Mathieu retourna à Paris pour y étudier la composition avec Arthur Honegger et Jules Gentil. Une fracture s'opéra alors en lui : le jeune prodige, dont l'enfance avait été partagée entre un père intransigeant et un alcoolisme précoce, ne se releva pas après son retour de Paris, en 1947. Il cessa pratiquement de composer et sombra dans un alcoolisme dont il ne se délivra pas avant sa mort, à l'âge de 39 ans.

2. Une tournée grandiose

La période s'échelonnant de son retour de Paris en 1947 à la tournée organisée par Pierre Péladeau et Jacques Tétrault fut vraisemblablement marquée par une dépression. Un article du *Photo-Journal*, publié en juillet 1949, en faisait état : « Après plus d'un an d'une vie cachée et laborieuse, André Mathieu, le pianiste compositeur[21]... » Cette vie cachée et laborieuse, on imagine aisément qu'elle fut habitée par la déprime et l'alcoolisme.

Persuasif, l'habile négociateur qu'était Pierre Péladeau réussit alors à convaincre André Mathieu – et son père – d'entreprendre une tournée au Québec. Pour ce faire, le jeune imprésario n'hésita pas à parler d'une tournée grandiose, pour laquelle il n'avait cependant pas les fonds. Un an plus tard, il fit d'ailleurs une avance similaire au ténor italien Beniamino Gigli, à qui il promit une tournée pancanadienne : « Je n'avais pas un sou, mais ce n'est pas ce qui m'aurait arrêté[22] ! » Pierre Péladeau ne faisait preuve ni de mauvaise foi ni d'inconscience; il avait une confiance démesurée en son étoile qui, somme toute, se révéla à la hauteur de ses espérances.

« Ce sera la plus longue et la plus complète tournée effectuée dans la province de Québec par un artiste compositeur canadien[23] », pouvait-on lire dans un article consacré à la tournée d'André Mathieu. Dans les faits, la tournée prit fin quelques jours plus tard et ne dépassa pas les frontières de l'Abitibi. Pierre Péladeau et son associé ayant accusé un déficit de 600 $ à la suite des quatre concerts que donna André Mathieu dans la région, ils ne payèrent même pas le musicien.

3. Un mauvais comptable

Dans *La Gazette du Nord*, un article traitant de la série de concerts d'André Mathieu précisait : « les tarifs d'admission [sic] sont à la portée de toutes les bourses[24]. » Les prix d'entrée étaient de 1,00 $ pour le public en général et de 1,25 $ pour les meilleures places. À l'époque, il s'agissait de prix relativement bas pour un concert classique. À ce propos, le père du musicien, Rodolphe Mathieu, écrivit à Pierre Péladeau : « Il serait bien inutile d'aller si loin pour jouer à des prix de séances de collèges et de débats d'étudiants[25]. » Raturée, la deuxième partie de la phrase faisait évidemment référence aux débats qu'avait organisés Pierre Péladeau pour payer ses études.

Cette stratégie des bas prix « à la portée de toutes les bourses » fut pourtant l'une des clefs du succès de l'homme d'affaires. Cependant, Pierre Péladeau n'alliait pas à son « pif » légendaire un talent en comptabilité. Presque chaque fois couronnées d'un succès populaire, ses entreprises n'en étaient pas pour autant toujours rentables. Les débats au Plateau en sont un exemple : malgré les records d'assistance, la rentabilité laissait à désirer. Pierre Péladeau fit donc appel à une aide extérieure pour tenir la caisse.

Dans un entretien, Pierre Péladeau se qualifia lui-même de très mauvais comptable : « En 16 ou 17 années d'études, j'ai raté un seul examen. C'était au cours de ma dernière année de droit. J'ai échoué à l'examen de comptabilité[26]. » Selon lui, il dut en grande partie sa réussite à sa capacité de bien s'entourer. Ainsi, il fit appel à Pierre-Paul Élie pour assurer la comptabilité des débats d'étudiants. Plus tard, au *Journal de Rosemont* et tout au long de sa vie, c'est au comptable Charles-Albert Poissant que Pierre Péladeau se référa en matière de comptabilité.

4. Le sauveur de Mathieu

Lors d'une conférence qu'il prononça à la Chambre de commerce de Montréal, Pierre Péladeau évoqua brièvement l'épisode durant lequel il avait produit André Mathieu. Sa version de l'histoire était tout autre que celle qu'on peut lire dans les journaux de l'époque et dans sa correspondance avec le père d'André Mathieu. Il relatait qu'après un triomphe à Amos, André Mathieu refusa de jouer à Val d'Or : « Mon pianiste avait décidé de ne pas jouer. Une crise de vedette[27]. » Une amie de Pierre Péladeau, la comédienne Denise Filiatrault, affirma[28] même que Pierre Péladeau avait sorti André Mathieu de la misère. Au même titre que le jeune Pierre Péladeau projetait son mythe dans le futur en déclarant à qui voulait l'entendre qu'il deviendrait millionnaire, Pierre Péladeau mythifiait ainsi son passé grâce à sa mémoire sélective.

DEUXIÈME PARTIE

L'ENRAGÉ DES JOURNAUX

CHAPITRE VII

L'EMPIRE DE QUARTIER

En 1950, Pierre Péladeau n'avait que 24 ans, vivait toujours chez sa mère et voyait poindre la fin de ses études, qu'il négligeait pour brasser de petites affaires. Alors qu'il cherchait justement à en brasser de plus grosses, Raymonde Chopin, jeune femme qu'il fréquentait, lui annonça que Robert Allard voulait se départir du *Journal de Rosemont*. Bien que Pierre Péladeau n'eût pas d'intérêt particulier pour les journaux, la perspective de racheter un journal l'enthousiasmait. Il avait trouvé son « affaire ».

Si plusieurs barons de la presse débutèrent avec une publication locale avant de bâtir un conglomérat international, rares sont ceux qui partirent d'aussi petit que Pierre Péladeau avec son hebdomadaire de quartier. Conrad Black commença avec le quotidien sherbrookois *The Record* et Rupert Murdoch, le magnat de News Corporation, débuta lui aussi avec un quotidien, le journal *The News*, qui paraissait dans la petite ville australienne d'Adélaïde.

1. Jacques Francœur

Ironie du sort, c'est la même année et du même homme qu'un autre géant des médias québécois acquit son premier journal. En effet, Jacques Francœur acheta alors *Le Guide du Nord*, ancêtre de l'hebdomadaire rebaptisé *Le Guide de Montréal-Nord*, qui a finalement abouti dans le giron de Transcontinental. Journaliste dès l'âge de 16 ans au journal *La Patrie*, Jacques Francœur avait comme Pierre Péladeau l'ambition de s'enrichir en publiant des journaux. Au faîte de son ascension, son entreprise, Unimédia, possédait les quotidiens *Le Soleil*, *Le Droit* et *Le Quotidien*, en plus de quantité d'hebdomadaires. En 1987, Jacques Francœur vendit finalement Unimédia à Hollinger International, le groupe de Conrad Black. Décédé en 2005, celui qui était devenu philanthrope à temps plein avait vu les anciens journaux d'Unimédia être acquis par Gesca, une filiale de Power Corporation, en 2000. La transaction faisait suite à l'effondrement du groupe de Conrad Black.

2. Une coquille vide

Au moment d'acheter le *Journal de Rosemont*, toujours aussi confiant en son étoile, Pierre Péladeau était persuadé de faire prospérer le journal que lui proposait Robert Allard pour 5 000 $. Fin négociateur, Pierre Péladeau fit baisser ce prix à 1 500 $, somme tout de même rondelette à l'époque, qu'il s'empressa d'emprunter à sa mère. Seule ombre au tableau de cette première acquisition dans le monde des médias : le *Journal de Rosemont*, faute de rentabilité, ne paraissait plus depuis déjà trois mois lors de la transaction.

Ne laissant pas prise au découragement, Pierre Péladeau relança l'hebdomadaire de quartier en lui insufflant une nouvelle dynamique. De feuille de chou exsangue, le *Journal de Rosemont* devint un tabloïd de 16 pages qui traitait de la vie des gens du quartier. On y retrouvait déjà la signature des publications Quebecor, dont la force première fut toujours de créer la nouvelle. Si le jeune entrepreneur ne connaissait encore rien à l'imprimerie ni à l'édition, il avait du moins appris à organiser des événements. Ainsi, c'est en 1950 qu'eut lieu la première édition du concours Miss Rosemont.

Le *Journal de Rosemont* ne fut pas le premier journal à organiser un concours de beauté à la suite duquel une « Miss » était couronnée. Le concours Miss Radio-Monde, organisé par le journal du même nom – que Pierre Péladeau acheta par la suite –, avait inspiré le jeune éditeur de journaux qui voulait mettre à contribution son expérience de promoteur d'événements. Grâce à son flair légendaire, Pierre Péladeau réussit tout au long de sa carrière à anticiper les grandes tendances de l'univers des médias. Il était certainement un visionnaire, mais il ne fut jamais à proprement parler un créateur. Il n'inventa rien, mais sut toujours débusquer la formule gagnante et la pousser plus loin que quiconque avant lui. C'est ce qu'il fit dès 1950 : à l'aide d'un hebdomadaire et d'un concours de beauté, Pierre Péladeau sut attirer l'attention de tout l'Est de Montréal et y tisser des liens qui servirent son expansion rapide.

3. Miss Rosemont

Il n'existe plus d'archives du *Journal de Rosemont* datant de l'époque où Pierre Péladeau en était le propriétaire. On trouve cependant dans les archives du *Journal de Rosemont*, aujourd'hui la propriété de Transcontinental, des exemplaires datant de quelques années après que Pierre Péladeau s'en est departi. Essentiellement, à la fin des années 1950, il correspondait à la formule inventée par Pierre Péladeau au début de la décennie.

Dès le premier numéro de l'hebdomadaire ressuscité par Pierre Péladeau, on annonça le concours Miss Rosemont qui s'adressait, du moins en 1957, aux jeunes femmes habitant Rosemont et âgées de 17 à 30 ans. Le tirage du *Journal de Rosemont* passa de 15 000 à 30 000 exemplaires entre 1950 et 1955, période durant laquelle Pierre Péladeau en fut le propriétaire.

Distribué gratuitement à cette époque, le journal faisait sa une du concours presque chaque semaine. Des articles agrémentés de photos y présentaient les jeunes candidates, dont l'âge oscillait surtout entre 17 et 19 ans. Une fois que le jury avait choisi une récipiendaire, la jeune Miss était propulsée à la une du journal, dans laquelle on promettait des photos exclusives pour la semaine suivante. Ensuite, on suivait tout au long de l'année la jeune Miss Rosemont, et ce, jusqu'à ce qu'on commence à publier le portrait des jeunes candidates pour la prochaine édition du concours. En 1957, on pouvait ainsi lire à la une : « Notre Nouvelle Miss Rosemont 1957[29] ! » ; puis, la semaine suivante : « Rosemont acclame Monique Première[30] ».

Yolande Coallier – la femme de l'animateur Jean-Pierre Coallier – fut couronnée Miss Rosemont en 1961, sous le nom de Yolande Gagnon, son nom de jeune fille : « On m'avait offert une robe de bal confectionnée par un designer de la rue Beaubien, de même que plusieurs présents offerts par des commerçants du quartier[31] », se rappelle-t-elle. Après son couronnement au centre Paul-Sauvé, elle se maria rapidement avec Jean-Pierre Coallier : « J'étais déjà tout équipée pour mon mariage[32] », commente l'ancienne Miss Rosemont.

Le concours connut ainsi un succès qui déborda largement les frontières du quartier montréalais. La consécration du concours lancé par Pierre Péladeau eut lieu en 1956[33], quand Dorothée Moreau, élue Miss Rosemont en 1952, devint Miss Canada. Le concours perdura d'ailleurs longtemps après le mémorable passage de Pierre Péladeau à la barre du *Journal de Rosemont*.

4. Un journal de quartier

Malgré l'organisation d'un concours de beauté et les potins sur les habitants du quartier, le *Journal de Rosemont* était à l'image des hebdomadaires locaux de l'époque : il couvrait les nouvelles de quartier et, plus particulièrement, les commerces locaux, dont les publicités étaient la principale source de revenus du journal. Pour leur part, les vedettes ne viendraient que plus tard agrémenter les pages des « journaux à Péladeau ». Dans une entrevue, l'homme d'affaires insiste d'ailleurs sur le caractère local de ses premiers hebdos : « [...] ce n'étaient pas des journaux à potins. Ils contenaient certes des potins, mais pas uniquement. Ils présentaient surtout des nouvelles locales[34]. »

Secondé par l'écrivain et militant syndical Pierre Vadeboncœur qui, de cinq ans son aîné, était le rédacteur en chef de l'hebdomadaire, Pierre Péladeau consacrait la plus grande partie de ses efforts à renflouer le navire qui avait déjà coulé. En effet, Péladeau ne s'occupait pas de la rédaction de son journal. Différent en cela de beaucoup de propriétaires de journaux de cette époque, il n'avait pas plus d'ambition littéraire que politique. Tout au long de sa vie, il laissa à ses journalistes une liberté presque totale, qui finissait lorsque le lecteur ne suivait plus.

Pierre Péladeau n'avait pas, à proprement parler, de « vision » du journalisme. Pour lui, un journaliste devait employer un registre de langue simple, accessible au plus grand nombre, et couvrir les sujets qui touchaient ses lecteurs. Tout le reste n'était qu'« enculage de mouches » et il n'avait pas le temps de s'y livrer ; il avait une compagnie de journaux à mettre au monde.

5. Les autres journaux

Le *Journal de Rosemont* avait tout d'un tremplin pour Pierre Péladeau, et ce dernier le considérait bien comme tel. Contrairement aux éditeurs auxquels il s'associerait pour fonder sa première imprimerie, il n'envisagea jamais de devenir l'éditeur d'un seul hebdomadaire. Ni de 10 ni de 20 : il voulait conquérir le monde. Pour ce faire, il fonda rapidement trois autres hebdomadaires de quartier, pour couvrir les quartiers limitrophes. À l'aide des profits réalisés au *Journal de Rosemont* et de beaucoup d'habileté à convaincre ses fournisseurs de lui faire crédit, il lança successivement *Le Guide Saint-Michel*, *Le Guide de l'Est* et le *Journal de*

Saint-Laurent. Durant la même période, il se porta aussi acquéreur du journal *L'Est montréalais* : « Je possédais alors tous les journaux de la rue Papineau au bout de l'île, du nord au sud[35] », se rappelle-t-il en entrevue.

Dès 1952, Péladeau réunit ses hebdomadaires, qui couvraient près de la moitié de l'île de Montréal, sous l'égide des Publications indépendantes limitée. C'est par l'entremise de la même société qu'il exploiterait ses premiers journaux artistiques. Toutefois, à l'instar de plusieurs fers de lance de l'empire Péladeau, ses premières incursions dans la presse artistique ont en grande partie été menées dans le but d'alimenter les presses de l'imprimerie qu'il allait fonder. Il publierait pour imprimer et imprimerait pour publier. C'était une fuite vers l'avant à laquelle Pierre Péladeau ne mit jamais fin.

CHAPITRE VIII

LA PREMIÈRE PRESSE

En 1953, la Verdun Printing, où Péladeau faisait imprimer ses journaux, lança *Le Progrès de Rosemont,* qui venait concurrencer directement le premier journal du jeune éditeur. Ce dernier, dont les excès d'enthousiasme n'avaient d'égaux que ses transports de colère, retira aussitôt ses publications du carnet de commandes de ce nouveau concurrent, puis les confia au Monitor, une imprimerie anglophone. Très vite, il remarqua dans ses journaux des erreurs de composition qu'il croyait dues à la méconnaissance de la langue française des linotypistes à l'emploi du Monitor.

Outre ces deux imprimeries, seule une autre pouvait, à Montréal, imprimer et composer sous le même toit tous les journaux du jeune éditeur : celle du quotidien libéral *Le Canada*, qui éprouvait alors de sérieux problèmes financiers. Avec d'autres hommes d'affaires, Pierre Péladeau se proposait alors d'acheter le quotidien au Parti libéral du Canada. Le Parti ne prit pas l'offre au sérieux – probablement avec raison –, mais il accepta d'imprimer les journaux de Pierre Péladeau et de certains de ses confrères éditeurs. Après quelques mois, malgré les nouveaux contrats d'impression, le Parti libéral céda le journal et son imprimerie commerciale à la maison Fides, qui ferma le journal et réserva l'imprimerie qui y était rattachée à ses propres publications.

Toujours active dans le domaine de la littérature générale, la maison Fides se spécialisait alors dans l'édition de livres, de revues et de journaux religieux. Les presses rotatives du *Canada*, qui n'imprimaient qu'en noir et blanc, se faisaient désuètes. Les Pères de Sainte-Croix, propriétaires de Fides, cherchaient donc à s'en départir pour se doter de nouvelles presses, mieux adaptées à leurs besoins.

Dans le but d'acheter l'imprimerie du *Canada*, immobilisation comprise, Pierre Péladeau se réunit avec les éditeurs Robert Allard, Jacques Francœur, Paul Désormiers et Jean-Jacques Mercier. Ironiquement, Péladeau projetait ainsi de s'associer à celui qu'il qualifia plus tard de « fichu bon homme d'affaires » pour lui avoir vendu un journal ne paraissant plus, Robert Allard, et au futur magnat de la presse québécoise, Jacques Francœur, qui serait son principal concurrent dans les années 1980.

1. L'actionnaire de contrôle

À cinq, les négociations n'aboutirent pas. Finalement, ce fut avec les deux derniers du groupe, Paul Désormiers et Jean-Jacques Mercier, que Péladeau s'associa pour acheter sa première presse. Bien qu'il n'eût aucun capital disponible pour un tel investissement, le jeune homme d'affaires tenait mordicus à être l'actionnaire majoritaire de la nouvelle entité, qui prendrait le nom d'Imprimerie Hebdo inc./Hebdo Printing inc. Cette recherche du contrôle serait par la suite présente chez Quebecor qui, à quelques exceptions près, n'accepterait pas d'investir un cent dans une entreprise sans en détenir la majorité des actions.

Le 26 janvier 1954, date d'incorporation d'Imprimerie Hebdo, Pierre Péladeau devint donc l'actionnaire majoritaire à 52 % de la nouvelle imprimerie, au prix d'un investissement de

21 000 $. Ses deux associés, quant à eux, investirent chacun 10 000 $ pour obtenir le reste des actions, soit 24 % chacun. Pour réunir l'argent nécessaire, Péladeau dut se commettre auprès d'une jeune femme et duper son propre frère. Quoi qu'il en soit, il avait maintenant mis en place la première pièce d'un puzzle dont l'image se révélerait être celle de la plus grande imprimerie du monde.

2. Une île et un mariage

Fille d'un médecin et chanteuse d'opéra à ses heures, Raymonde Chopin était tombée follement amoureuse de Pierre Péladeau, jeune imprésario qui, avide de conquêtes féminines, fréquentait la famille Chopin, dont les deux filles resplendissaient. Pierre Péladeau fréquenta Raymonde Chopin pendant plusieurs années avant de l'épouser. C'est son besoin de fonds qui le poussa à régulariser la situation.

Pour tenir son engagement auprès de ses futurs associés, Péladeau emprunta ainsi 21 000 $ au père de Raymonde Chopin. Médecin retraité, Léopold Chopin lui demanda une garantie avant de lui consentir un tel prêt, ce que fit le jeune homme en lui confiant une île qui, dans les faits, appartenait à son frère Jean. Ce n'est que par la suite qu'il annonça la supercherie à son frère qui, comme leur père Henri, s'était enrichi dans l'industrie du bois.

Une autre garantie s'ajouta quelques mois plus tard, alors que le vieil homme s'apprêtait à partir en Europe avec sa femme. Dans les années 1950, que Péladeau n'ait pas épousé Raymonde Chopin plus tôt constituait déjà une anomalie. Inquiet, le père de cette dernière fit pression auprès du jeune emprunteur pour qu'il épouse sa fille avant qu'il parte en voyage, ce à quoi consentit Pierre Péladeau. Malgré tout, il demanda par la suite à une amie, la comédienne Monique Lepage, de détourner celle qui allait devenir sa femme de l'idée du mariage : « Deux jours avant son mariage, il m'a dit : " Écoute Monique, peux-tu faire comprendre à Raymonde que je ne veux pas me marier ? "[36]. »

Le jeune Péladeau prononça finalement ses vœux le 24 mai 1954, quatre mois après la fondation d'Imprimerie Hebdo. Si l'entêté avait changé d'idée sur cette question, c'est surtout, comme il l'avouerait plus tard, à cause du prêt de 21 000 $ qui lui avait permis de mettre la main sur sa première imprimerie. Peu enthousiaste face au sacrement du mariage, il se présenta au sien avec plusieurs heures de retard. Aussitôt mariés, les époux accompagnèrent les parents de Raymonde à New York, d'où ils prenaient le bateau pour l'Europe. Le voyage de noces ressembla sans doute à un aller-retour, puisque, le jeune époux ne l'oubliait pas, il avait une imprimerie à rentabiliser. Raymonde, quant à elle, aurait dorénavant toutes ses journées pour meubler la nouvelle maison où ils emménagèrent à Outremont.

3. Nourrir le monstre

À la fondation d'Imprimerie Hebdo en 1954, Pierre Péladeau possédait cinq journaux et ses deux associés, Paul Désormiers et Jean-Jacques Mercier, en possédaient un chacun, respectivement *L'Est central* et *La Voix populaire*. Le premier avait pour territoire l'actuel arrondissement Ville-Marie et le second, qui existe encore dans le giron de Transcontinental, rejoignait les francophones de l'ancienne ville de Verdun. Or, les sept journaux des propriétaires de la nouvelle imprimerie étaient loin de pouvoir combler l'appétit de leurs presses.

Pour payer les employés, le loyer du local de la rue Plessis où on avait installé les presses et rembourser l'emprunt qu'avait dû contracter la jeune société, il fallait aller chercher, outre des circulaires, une certaine quantité de journaux appartenant à des tiers. Très vite, des éditeurs, que Pierre Péladeau avait déjà approchés pour savoir s'ils étaient intéressés à cofonder une imprimerie, se joignirent en tant que clients à Imprimerie Hebdo. Joseph Azaria, propriétaire du *Midnight*, était de ceux-là.

Une décennie plus tard, le *Journal de Montréal* fut en grande partie lancé pour alimenter les presses offset dont Péladeau avait doté sa nouvelle imprimerie, la Montréal Offset. Cependant, le premier quotidien qu'il imprima fut ce même *Canada*, rebaptisé *Le Canada nouveau*, qu'il avait tenté d'acheter quelques mois auparavant. Il imprima aussi *Le Devoir*, mais après la fondation du *Journal de Montréal*. Quebecor obtiendrait le contrat d'impression du *Devoir* avec l'acquisition de l'imprimerie Dumont en 1969 et, encore aujourd'hui, le prestigieux quotidien à faible tirage sort chaque jour des presses du géant québécois de l'imprimerie.

4. *Le Canada*

Fondé en 1903, le journal *Le Canada* avait pour mission de remplacer le quotidien populaire *La Patrie* en tant que journal libéral. Propriété du ministre libéral Israël Tarte sous Wilfrid Laurier, *La Patrie* était l'organe du parti jusqu'à ce qu'Israël Tarte s'en serve pour faire la promotion d'une idée contraire à la politique officielle du Parti libéral. Le ministre en question fut remercié, puis un quotidien élitiste, *Le Canada*, naquit pour représenter le Parti libéral du Canada à Montréal. Atteignant un tirage maximal de 18 000 exemplaires au début du siècle, le quotidien auquel avaient collaboré des plumes aussi prestigieuses qu'Olivar Asselin et Claude-Henri Grignon s'affadit avec les années. Dans les années 1950, il vit sa rentabilité s'effriter, avant de fermer ses portes le 26 novembre 1953.

En 1954, des militants libéraux tentèrent de relancer cet ancien organe du Parti libéral du Canada. Sans doute pour offrir une même facture visuelle que l'original, ils choisirent de faire imprimer leur quotidien du matin sur les anciennes presses du *Canada*, qui appartenaient alors à Imprimerie Hebdo. Malheureusement pour le nouvel imprimeur, l'expérience se révéla un échec. Lancé le 24 mai 1954, le jour même où Pierre Péladeau arriva en retard à son mariage, le quotidien publia une édition d'adieu moins de six mois plus tard, le 1er novembre 1954.

CHAPITRE IX

LES JOURNAUX JAUNES

Quelques mois seulement après la fondation d'Imprimerie Hebdo, Péladeau mit la main sur sa première publication nationale. Avec l'acquisition de l'hebdomadaire *Nouvelles et Potins*, il commençait alors à occuper le créneau qui ferait sa fortune. Cette industrie était, dans le Québec des années 1950, en pleine éclosion. Malgré les pressions cléricales, des publications qui remettaient en question l'ordre établi dans un style populiste – qu'on appelait alors « journaux jaunes » – commençaient à prendre leur essor.

On attribue à tort le lancement de *Nouvelles et Potins* à Pierre Péladeau. Comme pour la fondation d'Imprimerie Hebdo, des associés se cachent derrière cette entreprise ambitieuse. *Nouvelles et Potins* fut fondé en 1954 par le journaliste Gaston Houle. Il était imprimé par Imprimerie Hebdo, mais Péladeau devait financer l'hebdomadaire pour le maintenir à flot. Finalement, le jeune imprimeur devint copropriétaire de *Nouvelles et Potins* avec le docteur Léon Ledoux et Gaston Houle. Ensemble, ils exploitaient le journal par l'entremise des Publications Alpha.

Hebdomadaire comptant quelque 70 pages, le journal allait franchir la barre des 100 000 exemplaires par semaine avant de décliner, en 1980, sous la barre des 50 000. En 1985, *Nouvelles et Potins* – entre-temps rebaptisé *Nouvelles illustrées* – ferma définitivement ses portes dans l'ombre des multiples publications artistiques acquises par Pierre Péladeau.

L'immense confiance de l'homme d'affaires lui attira des associés qui, toujours minoritaires, expliquent le succès financier d'un jeune entrepreneur qui, rappelons-le, commença sans un sou en poche. Durant la période qui s'étendit entre 1954 et 1957, rien n'était moins sûr que la fortune de Pierre Péladeau. L'aîné des enfants Péladeau, Érik, vit d'ailleurs le jour durant cette période incertaine, le 24 mars 1955. Contrairement à son père, dont la naissance avait coïncidé avec l'effondrement financier de la famille, Érik naissait à l'aube incertaine de la richesse familiale.

1. Temps de chien

Du matin au soir, Pierre Péladeau assurait la présidence d'Imprimerie Hebdo, en plus de s'occuper de *Nouvelles et Potins* et des journaux de quartier qu'il exploitait. Malgré sa discipline de fer, il ne finissait de travailler que très tard dans la nuit, après avoir transporté les épreuves à l'imprimerie du *Petit-Journal*, où on avait l'équipement nécessaire pour en faire la composition.

Accablé de problèmes financiers et juridiques, le jeune père de famille ne rentrait que la nuit venue à son domicile conjugal d'Outremont, où sa femme et son nouveau-né l'attendaient. Trop admirative et trop peu sûre d'elle-même, sa femme Raymonde tolérait tout. Elle appelait souvent à l'imprimerie pour savoir où était son mari[37]. Jalouse, elle souffrait de ce que son mari ne soit pas fidèle, mais aussi de la relation privilégiée qu'il entretenait avec sa mère, dont la maison de la rue Stuart se situait à quelques pas de chez eux.

Jusqu'à la mort d'Elmire en 1965, un an après la fondation du *Journal de Montréal*, Pierre s'entretint presque chaque jour de ses bons coups et de ses moins bons avec sa mère, dont l'avis lui était très cher : « Je me souviens que j'allais la voir, le soir après le bureau, et que je lui racontais mes coups et même mes aventures galantes, mes petites fredaines[38] », évoque-t-il lui-même dans une conférence. D'ailleurs, sa mère fut vraisemblablement la seule femme qui comptât vraiment dans sa vie.

À l'époque, les entreprises de Péladeau étaient menacées sur plusieurs fronts. D'abord, un important problème de liquidités faisait en sorte qu'Imprimerie Hebdo avait du mal à acquitter ses factures auprès de son principal fournisseur de papier. Une rencontre organisée entre ses représentants, Charles-Albert Poissant et Pierre Péladeau, permit d'augmenter la marge de crédit de l'imprimerie. Un problème était réglé, mais les banques étaient toujours réticentes à lui prêter des sommes importantes, tandis que les congrégations religieuses s'acharnaient sur ses publications, de concert avec l'administration municipale. Pour mettre un terme à ces difficultés, le jeune entrepreneur vendit ses journaux de quartier, malgré leur rentabilité. Il serait un homme d'affaires sur la scène nationale ou ne serait pas.

2. Le diable en personne

Au milieu des années 1950, les Ligues du Sacré-Cœur faisaient campagne contre les journaux jaunes, qu'elles jugeaient contraires à la morale chrétienne. Boycottage des marchands qui n'avaient pas banni les « journaux de Satan », tracts publicitaires et campagne dans les médias étaient alors au programme. Rien n'était à exclure pour avoir raison de l'« épidémie de journaux » qui sévissait au Québec. Pierre Péladeau, bien qu'il n'eût pas encore accaparé la plus grande part de ce marché, incarnait la figure à abattre. Son franc-parler ponctué de sacres et sa flamboyance en faisaient une cible de choix. Plus discrets, ses concurrents ne laissaient pas prise aux attaques personnelles.

Du côté laïque, le maire de Montréal, Jean Drapeau, tentait, avec sa police municipale, d'enrayer les journaux jaunes – dont, bien sûr, *Nouvelles et Potins*. Il s'agissait du même Jean Drapeau qui, candidat nationaliste et anti-conscription, avait bénéficié de l'aide du jeune Péladeau. Ce dernier, on s'en souvient, s'était fait renvoyer du collège parce qu'il distribuait *Le Devoir*. Cependant, comme pour la plupart des nationalistes québécois de l'époque, Duplessis en tête, le catholicisme était pour Jean Drapeau une valeur fondamentale et même le rempart des Canadiens français face aux Canadiens anglais.

Loin d'être des victimes, Pierre Péladeau et les journalistes de *Nouvelles et Potins* narguaient aussi bien Jean Drapeau que le chef de l'escouade de la moralité, Armand Courval. C'est ainsi que saisies et injonctions se succédaient contre ce journal à grand tirage qui eût pu rapporter beaucoup si, justement, il avait pu se mettre à l'abri des attaques cléricales et policières. Irrévérencieux, *Nouvelles et Potins* était pour Péladeau une véritable machine à se faire des ennemis. Par exemple, les seules rubriques « Le cave de la semaine » et « Merde à » humiliaient au moins une personnalité publique et une institution par semaine.

En plus de son journal jaune, auquel s'ajoutèrent graduellement une kyrielle de titres, Pierre Péladeau avait attiré dans son imprimerie une clientèle d'hebdos de quartier, mais aussi de journaux jaunes refusés ou encore censurés par les autres imprimeurs. Parmi ces journaux figuraient *Allô Police*, le seul « journal jaune » qui tirait à plus d'exemplaires que *Nouvelles et Potins*, et *The Midnight*, dont la saisie allait causer des ennuis à son imprimeur, qui en avait déjà sa part avec ses propres journaux jaunes.

3. Wilbrod Gauthier

Quand le journal de Joseph Azaria, *The Midnight*, fut saisi par l'Université McGill, Imprimerie Hebdo dut se défendre. Une telle situation est inimaginable aujourd'hui, mais à l'époque, on pouvait tenir un imprimeur responsable du contenu des documents qu'il imprimait pour ses clients. Il faut cependant souligner qu'on lisait alors ce qu'on allait mettre sous presse. S'il y avait trop de fautes dans les épreuves ou encore si on les jugeait diffamatoires, on rappelait l'éditeur pour qu'il remédie à la situation. Aujourd'hui, une telle responsabilité n'est pas envisageable ; les procédés d'impression étant automatisés, aucun employé ne prend connaissance du contenu d'une œuvre entre sa réception sous forme numérique et son impression.

Pierre Péladeau, bien qu'il eût lui-même obtenu une licence de droit, se chercha un avocat plus consciencieux que lui-même. Pour faire face au procès, il fit donc appel au prestigieux cabinet d'avocats Ogilvy Renault, qui avait alors pour nom McMichael, Common, Howard, Forsyth & Ker. C'est ainsi qu'on lui envoya l'avocat fraîchement diplômé Wilbrod Gauthier, pour qui le procès d'Imprimerie Hebdo serait le premier de sa carrière.

Lors du procès, la poursuite était en train d'interroger l'assistante de Joseph Azaria lorsque le juge s'endormit. Voyant qu'une question pouvait faire pencher la balance au profit de la poursuite, Wilbrod Gauthier fit aussitôt objection. Le juge mit quelques secondes à sortir du sommeil dans lequel il était plongé, puis retint l'objection du jeune avocat, dont la mise austère évoquait une rigueur certaine. Il y a fort à parier que c'est ce qui fit pencher la balance de son côté. Péladeau gagna son procès et le jeune avocat, un client à vie.

Pierre Péladeau se plaisait à raconter cette anecdote, féru qu'il était de ces histoires pittoresques dont il émaillait ses discours. Avec ce procès, Wilbrod Gauthier venait s'insérer dans la légende personnelle que l'homme d'affaires s'était bâtie. À partir de ce moment, bien que Quebecor ait retenu au fil des années les services d'une quantité d'avocats, Wilbrod Gauthier fut « l'avocat de Péladeau », de la même façon que Charles-Albert Poissant était devenu, quelques années auparavant, « le comptable de Péladeau ».

4. La lumière au bout du tunnel

Le 31 mai 1958, *Nouvelles et Potins*, dont les détracteurs déformaient le nom en « Poubelles et Crotins », fut rebaptisé *Nouvelles illustrées*. La première édition du journal sous son nouveau nom fit sa marque avec un dossier abondamment illustré sur le mariage de Dominique Michel et de Camille Henri. En première page du dossier, on annonçait 50 photos exclusives du mariage. Ce genre de dossier devint d'ailleurs la marque de commerce des « publications Péladeau ». Le premier numéro du *Journal de Montréal* consacrerait d'ailleurs sa une au mariage « secret » de Ginette Ravel et Pierre Marcotte.

Enfin équipée d'un « *roller mat* », Imprimerie Hebdo pouvait faire elle-même la composition des journaux qu'elle imprimait. Malgré tous les problèmes affrontés, l'imprimerie, qui pouvait compter sur un important bassin de clients, avait pris une valeur considérable. De plus, toutes les campagnes du clergé n'avaient pas eu raison de *Nouvelles et Potins*, dont le succès populaire était indéniable. De déficitaire, ce journal jaune était peu à peu devenu la vache à lait de Pierre Péladeau. En tant qu'éditeur, il avait trouvé son créneau.

La tempête étant calmée, Pierre Péladeau se prépara à faire des acquisitions. Plus déterminé que jamais, l'homme d'affaires controversé avait son lot d'admirateurs et, bien sûr, de détracteurs. L'argent ne lui manquait plus et il pouvait compter sur la collaboration des banquiers, avec qui il avait appris à négocier. Il ne s'agirait plus seulement de survivre, mais d'accélérer le rythme de croissance. C'est ce qu'il fit jusqu'à sa mort, au prix de nombreuses batailles dont l'ensemble n'était rien de moins qu'une guerre... dont il fut le vainqueur.

CHAPITRE X

LES MACHINATIONS

Pierre Péladeau, on l'a vu, se tailla rapidement une place de choix dans l'univers des journaux de l'Est de Montréal. Parti de rien, il devint rapidement un homme d'affaires influent, mais dont le prestige était toutefois circonscrit à la poignée de quartiers montréalais où il publiait des hebdomadaires. Son passage de l'édition de journaux de quartier à l'exploitation d'une imprimerie fut décisif dans sa course aux millions. Sa dynamique particulière, ses efforts frénétiques pour lancer et acheter de nouveaux journaux, tout cela s'expliquait par la nécessité de « nourrir le monstre », c'est-à-dire de rentabiliser ses presses.

Ce passage à l'imprimerie, Péladeau le réalisa à force de ruses et de machinations. Si les fonds nécessaires à l'acquisition d'Imprimerie Hebdo furent obtenus d'une manière irrégulière, l'actionnaire majoritaire de la compagnie réussit à écarter ses associés de la première heure avec des techniques qui ne l'étaient pas moins. Jean-Jacques Mercier, dont le journal était endetté auprès d'Imprimerie Hebdo, fut le plus facile à convaincre. Croulant sous les problèmes financiers, il accepta, en 1957, de revendre ses actions à un tiers, lequel céda par la suite à Pierre Péladeau les actions acquises.

Un an plus tard, le 12 septembre 1958, naissait le deuxième enfant de l'éditeur, Isabelle Péladeau.

1. La Cadillac

Moins conciliant, l'autre associé accepta d'autant moins de vendre ses actions qu'il s'était rendu compte que celles de Mercier avaient été achetées grâce aux bénéfices générés par l'imprimerie. En effet, Péladeau avait, du moins en partie, financé le rachat des actions avec la vente de sa voiture personnelle, une Cadillac, à l'imprimerie. Paul Désormiers, qui fit un long procès à son ancien associé, écrivit d'ailleurs un livre[39] sur cet épisode trouble de la carrière de l'homme d'affaires. Dans la mesure où le témoignage de Paul Désormiers est à prendre avec circonspection – l'homme fonda une secte et resta très amer de son association avec Pierre Péladeau –, les faits avancés dans le présent chapitre sont tirés des dossiers légaux du procès qui nous intéresse ici, et non du livre autoédité de Paul Désormiers.

Péladeau s'était toujours fait un point d'honneur de mépriser les institutions; il ne différait pas d'attitude envers l'appareil judiciaire. Appelé à la barre dans le cadre du procès l'opposant à Paul Désormiers, il révéla, fort ennuyé, le prix auquel il avait vendu sa Cadillac à l'imprimerie qu'il dirigeait : « Huit mille quelque chose ou neuf mille dollars[40]. » Lorsque l'avocat de son associé lui demanda le montant exact, il répondit par un monologue aussi creux qu'insolent : « Non, Me Masson, je vais vous dire autre chose : j'ai bien des compagnies, j'en ai pas mal, et je fais pas mal de choses de front, et il est possible que je puisse dans un cas comme dans l'autre n'être pas à point, vous le savez autant que moi, le prix d'une Cadillac, c'est un peu enfantin… »

2. Le procès

Pierre Péladeau ne sentait pas le besoin de justifier qu'une petite imprimerie telle qu'Imprimerie Hebdo ait besoin d'une Cadillac, si ce n'est pour transporter son président. Le procès, dont les parties allèrent par la suite en appel, était complexe et recelait une quantité de subtilités juridiques. Pour résumer, s'il était difficile de prouver que la Cadillac ne servait pas à Imprimerie Hebdo, on pouvait par ailleurs invoquer une clause de la charte de l'entreprise, qui prévoyait que les trois associés devaient donner leur accord pour qu'Imprimerie Hebdo réalise une dépense excédant 5 000 $.

Outre la répartition des actions, cette charte prévoyait entre autres que les éditeurs associés feraient imprimer leurs journaux par la compagnie et qu'ils pouvaient devenir directeurs de l'entreprise sur demande. Toujours selon la poursuite, Pierre Péladeau avait refusé d'accorder un poste de directeur à Paul Désormiers et avait modifié frauduleusement les lettres patentes de l'entreprise. En tout, la poursuite faisait état de 51 contraventions à la charte d'Imprimerie Hebdo.

La charte prévoyait aussi que si un des actionnaires enfreignait une de ses dispositions, il se verrait condamné à verser une pénalité de 12 500 $ à chacun de ses deux associés. Ayant relevé 51 contraventions, la poursuite réclamait ainsi 637 500 $ de pénalité. Comme il y eut règlement hors cour au début des années 1960, le jugement de la cour d'appel ne fut pas rendu. Du reste, si les avocats de Pierre Péladeau décidèrent de régler le litige hors cour, c'est qu'ils avaient de bonnes raisons de croire qu'ils perdraient le procès. Paul Désormiers affirma dans son livre avoir reçu 100 000 $ en guise de règlement et de paiement pour ses actions[41]. Ce montant représentait une petite fortune à l'époque.

3. La justice de Pierre Péladeau

Ce procès n'était ni le premier et encore moins le dernier à impliquer Pierre Péladeau et ses entreprises, mais il était cependant représentatif de l'attitude qu'avait l'homme d'affaires envers les tribunaux et symptomatique de sa volonté de réussir à tout prix. Tout au long de sa carrière, Péladeau et ses avocats se rendront plus souvent que quiconque au palais de justice. Les poursuites et les litiges commerciaux seront pour l'éditeur rien de moins qu'un outil de négociation. Leur multiplication servira, en général, à intimider ses concurrents au même titre que ses partenaires.

Pierre Péladeau ne faisait pas partie de ces hommes d'affaires dont le succès est dû à ce qu'ils ont triché dès le départ. Il ne fut pas un tricheur ; il joua le jeu avec les règles du milieu. Était-il prêt à traverser la mince frontière qui sépare la ruse des opérations frauduleuses ? La réponse est oui, censément dans les premières années, puisque son flair légendaire ne lui servait à rien lorsqu'il n'avait pas les fonds nécessaires pour réaliser un bon coup. Dès qu'il fut en mesure de financer plus régulièrement son expansion effrénée, il s'en remit invariablement à la loi que ses principaux conseillers, juridiques et financiers, avaient pour mandat de faire respecter au sein de ce qui deviendrait Quebecor. S'il ne s'était que très peu assagi avec les années, Pierre Péladeau comprit rapidement que, pour réussir à long terme, ses « coups » devaient se situer du côté légal de la frontière poreuse qu'il se plaisait à effleurer. Du reste, il aurait dorénavant les moyens de financer ses acquisitions tout autant que ses procès.

CHAPITRE XI

LE MILLIONNAIRE

Au courant de l'année 1959, au jeune âge de 34 ans, Pierre Péladeau franchit le cap du million de dollars. C'est du moins ce que le principal intéressé confia à André Lecompte, premier directeur du *Journal de Montréal*. Le nouveau millionnaire invita ainsi son employé et ami au restaurant pour lui annoncer qu'il avait amassé son premier million de dollars et qu'il n'était que le premier d'une série. Or la légende dépassait la réalité, à tel point qu'on le croyait déjà richissime : « En 1959, j'ai confié à un collaborateur très apprécié que je tenais mon premier million. [...] Je pensais épater mon allié en lui annonçant la bonne nouvelle, mais je compris à sa réaction qu'il faut se garder en affaires de se pavaner pour épater son entourage[42]. »

Pierre Péladeau savait quel créneau il voulait que ses publications occupent et il avait alors les moyens de le conquérir. Son réseau de journaux de quartier vendu, les journaux à potins étaient devenus la signature de son entreprise. Il n'écrivit jamais dans ses publications, mais à cette époque, il était plus impliqué que jamais dans la production de ses journaux, qui étaient devenus plus « artistiques » que « jaunes ». L'imprésario défroqué n'avait pas perdu le goût du spectacle et se plaisait à côtoyer les artistes. Toujours à l'affût, il était mieux informé que quiconque et ne se gênait pas pour envoyer lui-même un journaliste couvrir un événement. À titre d'exemple, il suggérait aussi aux journalistes, sur la base des informations privilégiées dont il disposait, de faire une entrevue avec tel chanteur à tel propos ou encore de vérifier si untel avait rompu avec unetelle.

1. Les vedettes

En 1961 – l'année de la naissance de Pierre-Karl, qui vit le jour le 16 octobre –, le jeune éditeur acheta le *Journal des vedettes*, une publication fondée la même année que *Nouvelles et Potins*. La société qui le lui vendit, Publication Merlin, éditait aussi *Allô Police* et faisait imprimer ses publications chez Imprimerie Hebdo. Axé sur les vedettes artistiques, comme son nom l'indique, ce journal devait en grande partie sa popularité à celle, toute récente, de la télévision, dont la première émission en français avait été diffusée par Radio-Canada en 1952.

Pierre Péladeau connut le succès avec ses journaux artistiques parce que, mieux que tout autre, il avait reconnu dans le nouveau média qu'était la télévision un moteur de développement de l'industrie des médias en général plutôt qu'un concurrent. S'il ne fut pas le premier à lancer des journaux misant sur les vedettes du petit écran, il eut du moins le flair d'acheter les publications de tous ceux qui y avaient pensé avant lui et de développer ce créneau d'une manière phénoménale en créant des publications pour chacun de ses aspects.

Au journaliste Pierre Maisonneuve, qui le décrivait comme « un des premiers à ne plus voir la télévision comme un concurrent, mais comme une source d'alimentation[43] », Pierre Péladeau rétorqua : « Pas " un des premiers ", le premier ! Haut la main[44] ! » Il est aussi difficile qu'inutile de déterminer si l'éditeur avait alors conscience de ne pas dire toute la vérité. Du reste, dans le monde du spectacle et des médias, ce qui compte n'est pas tellement le message que le média, pas tellement la vérité que l'histoire sensationnelle. Et l'histoire du succès de Pierre Péladeau, justement, était une histoire sensationnelle.

2. La télévision

Les publications de l'homme d'affaires montréalais ne furent pas les premières à traiter de la télévision. Cependant, l'éditeur s'ingénia à acheter les journaux qui avaient précédé les siens dans ce créneau. Il acheta ainsi *Télé-Radiomonde* qui, fondé en 1939 sous le nom de *Radio-Monde*, était en quelque sorte le père spirituel de *Nouvelles et Potins*. Il s'agissait aussi du journal dont le concours, Miss *Radio-Monde*, l'avait inspiré pour celui de Miss Rosemont.

Le journal avait déjà subi les foudres de la rubrique « Merde à... » en 1955, le journaliste anonyme de *Nouvelles et Potins* allant jusqu'à qualifier *Télé-Radiomonde* de « vieux jeu » par opposition à *Nouvelles et Potins*, qu'il qualifiait de « vivant, alerte et combatif ». Sans doute le propriétaire de *Télé-Radiomonde* ne lisait-il pas le journal de son concurrent, puisqu'en 1963, il accepta de vendre son journal « vieux jeu » à Pierre Péladeau. Claude J. Charron, qui allait laisser sa marque dans les journaux artistiques de Quebecor avant de fonder ses propres hebdos, obtint alors le poste de « gérant à la rédaction » de la nouvelle acquisition.

Toujours en 1963, ce fut au tour de *La Revue populaire* et du *Samedi* d'intégrer les rangs des publications de Pierre Péladeau. Ayant mis la main sur celles-ci en achetant la société Poirier & Bessette menacée par la faillite, l'éditeur semblait à première vue faire fausse route. Pourtant, il savait ce qu'il faisait. Il préférait acheter des entreprises en mauvaise santé financière et les remonter plutôt que de payer le plein prix. Il ferma *La Revue populaire* et changea la formule du *Samedi* qui, de mensuel, devint un hebdomadaire rebaptisé *Samedi nouveau*. Le tirage du journal dépassa sous son administration les 100 000 exemplaires par semaine.

Outre toutes ces acquisitions, il lança deux autres hebdomadaires artistiques : *Photo-Vedettes* en 1965 et *Le Grand Journal* en 1967. Fait intéressant, contrairement à ses autres journaux – qui prenaient la forme de tabloïds tels que, plus tard, le *Journal de Montréal* –, *Le Grand Journal* était un grand format comme *La Presse* ou *Le Devoir*. Un an après sa fondation, ce journal, qui présentait des photos-romans et rapportait des potins, changea de nom pour celui de *Grand Journal illustré*.

3. Le dernier des concurrents

En 1967, Quebecor avait déjà été incorporée et exploitait le *Journal de Montréal* depuis trois ans. Presque toutes les publications artistiques à fort tirage du Québec appartenaient à Pierre Péladeau. C'était d'ailleurs grâce aux profits considérables de ces publications qu'il pouvait se permettre de publier à perte le *Journal de Montréal* qui, durant quatre ans encore, éroderait chaque jour une part des profits réalisés par Quebecor.

La seule publication qui opposait une concurrence sérieuse aux publications de l'homme d'affaires, soit *Échos-Vedettes*, tardait à tomber sous son emprise. Si le « roi de la presse pop», comme on le surnommait alors, ne l'avait pas achetée, ce n'est pas faute d'avoir essayé. André Robert et son associé Edward Rémy, propriétaires d'*Échos-Vedettes*, refusaient catégoriquement de vendre à Pierre Péladeau.

Comme bien d'autres hommes d'affaires l'auraient fait, Péladeau eût pu se contenter de déclarer à son concurrent une guerre de prix ou d'exclusivités. L'homme du *Journal de Montréal*, quant à lui, ne savait ni aimer ni détester en affaires ; il voyait des opportunités et la mésentente qui régnait alors entre les deux propriétaires du journal à grand tirage en était une.

Il se dit que si lui-même ne pouvait pas faire l'acquisition d'*Échos-Vedettes*, Yvon Simard, lui, le pourrait sans nul doute. Président des timbres Gold Star, cet homme d'affaires montréalais avait contribué, on le verra au prochain chapitre, au succès du

Journal de Montréal qui, en première page, publiait les célèbres timbres.

Ainsi, alors que Pierre Péladeau se payait le luxe d'un safari au Kenya, Yvon Simard négociait l'acquisition d'*Échos-Vedettes* avec l'aide de Charles-Albert Poissant qui, au téléphone, donnait des directives à l'acheteur improbable. Questionné par les vendeurs, Yvon Simard, dont l'entreprise ne touchait pas au monde de l'édition, répondit que l'achat d'un journal correspondait à un vieux rêve. Sachant que Péladeau était à l'extérieur du pays, les deux associés ne se doutèrent jamais que l'homme avec qui ils négociaient n'était qu'une façade pilotée par le seul individu auquel ils n'auraient vendu à aucun prix.

Pierre Péladeau, qui resta tout ce temps en communication par radio avec Charles-Albert Poissant, revint à Montréal riche d'un nouvel hebdomadaire. L'acquisition s'était réalisée au coût de 700 000 $. Désormais, rien ne pouvait plus freiner le rythme de Quebecor, chez qui les acquisitions se succédaient. Pierre Péladeau était plus que millionnaire.

CHAPITRE XII

LE *JOURNAL DE MONTRÉAL*

Le 3 juin 1964, *La Presse*, le plus grand quotidien français d'Amérique, entra dans une période de grève qui durerait plus de sept mois. Déclenchée par les typographes, qui voyaient venir à grands pas l'automatisation des processus en imprimerie, la grève était pour eux un moyen d'obtenir une certaine sécurité d'emploi tandis qu'il en était encore temps. Ils voyaient juste, puisque leur métier devint quelques années plus tard complètement caduc.

Quelques heures après que les typographes eurent déclenché la grève, la direction décréta un lock-out pour l'ensemble des 1 200 employés[45]. Si les 300 typographes de *La Presse* portaient la responsabilité de l'arrêt de travail, ce sont surtout les journalistes dont on entendit les revendications, lesquelles visaient essentiellement à conforter leur indépendance journalistique.

1. Le sprint

Le vendredi 12 juin 1964, *La Presse* ne paraissait plus depuis neuf jours. L'arrêt de travail s'annonçait long. Par ailleurs,

Pierre Péladeau, qui avait ouï-dire qu'un groupe d'hommes d'affaires préparait le lancement d'un quotidien, constata que le projet n'aboutissait pas. On le verra plus tard, ce groupe attendait naïvement les résultats d'une étude de marché tandis que le *Montréal-Matin*, quotidien de l'Union nationale, n'arrivait pas à augmenter son tirage à cause de la capacité limitée de son imprimerie. Ce journal profita par ailleurs du conflit pour faire construire de nouvelles presses. Péladeau, quant à lui, surprit tout le monde en lançant le *Journal de Montréal* en un temps record.

La Montréal Offset, une imprimerie à la fine pointe de la technologie qu'avait fait construire Pierre Péladeau pour succéder à Imprimerie Hebdo, n'avait quant à elle de limite que l'imagination bouillante de l'éditeur qui l'avait fondée. Ce vendredi après-midi du 12 juin 1964, il avait sans doute fait son étude de marché en parlant à un chauffeur de taxi, méthode qu'il privilégiait aux coûteux services des firmes de sondages. Quoi qu'il en soit, l'homme d'affaires avait pris sa décision. En après-midi, il téléphona à André Lecompte. Le directeur des hebdos, qui comptait passer une fin de semaine en famille, allait plutôt vivre les 48 heures les plus intenses de sa vie.

Subitement nommé rédacteur en chef d'un quotidien qui devait commencer à paraître le lundi suivant, André Lecompte s'affaira à monter l'équipe de rédaction durant la fin de semaine. La hâte était telle qu'il incitait les journalistes qu'il recrutait à amener leurs propres machines à écrire, au cas où il en manquerait. Installés dans les mêmes bureaux que les journaux artistiques, dans ceux du *Nouveau Samedi*[46] en particulier, les artisans de la première heure du *Journal de Montréal* se marchaient littéralement sur les pieds. Malgré toutes les contraintes avec lesquelles il leur fallut composer, la petite équipe dirigée par André Lecompte mit au monde, le lundi suivant, soit le 15 juin 1964, un premier numéro du *Journal de Montréal*.

En après-midi, 12 jours après le début de l'arrêt de travail à *La Presse*, le *Journal de Montréal* venait combler en kiosque le vide qu'avait laissé son rival, qui était alors un quotidien de fin de journée. Pour mieux se poser en successeur de *La Presse*, le *Journal de Montréal* parut donc l'après-midi jusqu'à la fin du conflit de travail de son concurrent.

Cette première mouture du *Journal de Montréal* ressemblait étrangement à une édition quotidienne d'un journal à potins quelconque. Du reste, le nouveau quotidien partageait avec les journaux de ce genre non seulement les locaux, mais aussi les journalistes. À l'instar du premier numéro de *Nouvelles illustrées*, qui avait misé sur le mariage de Dominique Michel et Camille Henry, le premier numéro du *Journal de Montréal* misa sur le mariage de Ginette Ravel et Pierre Marcotte.

Au-delà des potins, le *Journal de Montréal* ne pouvait se permettre de négliger l'actualité nationale. Au grand étonnement des agences de presse, qui ne voulaient pas faire affaire avec le nouveau venu, le contenu du *Journal de Montréal* fit rapidement un bond suspect en termes de contenu national et international. En effet, les dépêches des agences Presse canadienne et United Press n'étant pas acheminées au *Journal de Montréal*, André Lecompte imagina un subterfuge pour mettre la main sur les précieux fils de presse. Il embaucha rapidement des journalistes pigistes qui travaillaient pour les stations CKVL et CKAC en leur donnant pour mandat de fournir l'information quotidienne au *Journal de Montréal*. Le stratagème finit par être découvert, mais le « mal » était fait : le *Journal de Montréal* avait réussi à s'établir en tant que quotidien généraliste plutôt que « quotidien à potins ».

2. *Métro-Express*

En août 1964, Jacques Brillant et ses associés, qui avaient enfin reçu les résultats de leur étude de marché, lancèrent le premier numéro du quotidien *Métro-Express*. Propriétaire de *Dernière-Heure*, du *Photo-Journal* et du *Petit-Journal*, Jacques Brillant régnait sur un petit empire de journaux plus ou moins jaunes, mais beaucoup moins controversés que ceux de Pierre Péladeau. Bien que le tirage global de ses journaux fût de loin inférieur à ceux de son concurrent, Jacques Brillant bénéficiait d'une mise de fonds imposante et d'un plan d'affaires moderne.

Métro-Express, qui avait pour avantage d'avoir dès le départ ciblé son lectorat et développé une formule éditoriale, fut lancé avec un retard de plus de deux mois sur son concurrent. Le propriétaire du *Journal de Montréal* avait vu juste en agissant d'abord et en réfléchissant ensuite. Tandis que le *Journal de Montréal* s'était rapidement imposé, récupérant ainsi les lecteurs de *La Presse*, *Métro-Express* arrivait trop tard pour profiter de l'arrêt de travail qui sévissait toujours au « premier quotidien de langue française en Amérique ». Contrairement au *Journal de Montréal*, dont le tirage avait grimpé en flèche dès son lancement, pour atteindre une vitesse de croisière de 100 000 exemplaires par jour, *Métro-Express* plafonna autour des 25 000 exemplaires. Toutefois, une fois sa nouvelle imprimerie construite, le *Montréal-Matin* de l'Union nationale réussit à dominer le marché montréalais des quotidiens durant l'arrêt de travail, et ce, avec un tirage maximal de 148 000 exemplaires.

Quotidien du matin dès son lancement, *Métro-Express* affichait une formule qui ressemblait étrangement à celle qu'adopterait peu à peu le *Journal de Montréal* : aucun éditorial, de courts articles abondamment illustrés et des pages sportives étoffées. Pragmatique, Pierre Péladeau emprunta les résultats de l'étude de marché qui avait coûté un retard fatal à son concurrent. Ainsi, le faible tirage de *Métro-Express* fit littéralement fondre à vue d'œil l'imposant capital de départ que Jacques Brillant avait su constituer.

En 1965, constatant l'imminence du naufrage, Jacques Brillant sollicita d'autres hommes d'affaires dans le but de refinancer son quotidien. Robert Allard, qui avait vendu le *Journal de Rosemont* à Pierre Péladeau, et André Robert, dont l'hebdomadaire *Échos-Vedettes* avait été sournoisement racheté par le fondateur du *Journal de Montréal*, étaient de la partie. Le groupe étudia la possibilité de transformer le tabloïd en grand format et d'utiliser la couleur, une première dans l'industrie des quotidiens. Cependant, leur projet ne vit jamais le jour ; *Métro-Express* ferma ses portes moins de deux ans après sa fondation, n'ayant jamais pu atteindre la rentabilité.

3. Le réveil du mastodonte

L'idylle entre le *Journal de Montréal* et les habitants de la métropole prit fin abruptement le 4 janvier 1965, quand *La Presse* fit un retour fracassant en kiosque après 214 jours d'absence. Cette journée-là, 270 000 exemplaires de *La Presse* se vendirent tandis qu'à la même date l'année précédente, seulement 249 000 exemplaires s'étaient écoulés. Une campagne publicitaire annonçait le retour du quotidien fondé en 1884 qui, longtemps premier quotidien canadien en termes de tirage, était solidement implanté à Montréal. Avec moins d'une cinquantaine d'employés et pas même un an d'existence, le *Journal de Montréal* ne pouvait pas rivaliser avec le mastodonte, qui comptait alors 1 200 employés et plus de 80 ans d'existence.

Quatre jours après la réapparition de *La Presse*, soit le 8 janvier 1964, Pierre Péladeau constitua Quebecor à la hâte, conseillé en cela par Charles-Albert Poissant, dans le but de fournir des services administratifs à ses différentes entreprises ; en d'autres mots, pour verser les profits des hebdomadaires artistiques dans le gouffre qu'était devenu le *Journal de Montréal*.

En effet, lorsque *La Presse* reparut, le tirage du *Journal de Montréal* s'effondra littéralement, pour atteindre le fond du baril à 10 000 exemplaires par jour. Le *Journal* subissait les contrecoups de sa stratégie visant à « remplacer » *La Presse* en paraissant l'après-midi. Comme un malheur en attire un autre, le distributeur exclusif de toutes les publications appartenant à Pierre Péladeau, les Distributions Éclair, menaçait de ne plus distribuer un quotidien dont le faible tirage lui faisait perdre de l'argent.

4. Messageries Dynamiques

Les publications de Pierre Péladeau avaient fait la fortune de Berthold Brisebois et de ses Distributions Éclair en popularisant les journaux artistiques dont il était le principal distributeur. Ancien responsable de la distribution du *Photo-Journal* et du *Petit-Journal* qui, à l'époque, appartenaient aux frères Maillet et non à Jacques Brillant, il avait claqué la porte pour fonder sa propre entreprise de distribution. Il distribuait principalement des journaux qu'on qualifiait alors de « jaunes » et en éditait lui-même deux : *Ici-Montréal* et *Crime et Sensation*. À l'époque des débuts du *Journal de Montréal*, Pierre Péladeau était sans conteste son plus gros client.

Si la défection de son distributeur incita Pierre Péladeau à fonder son propre réseau de distribution, le rapport préliminaire d'une société de conseils en redressement le raffermit dans son intention de se lancer dans ce domaine. Mandatée par Quebecor pour faire rapport sur son nouveau quotidien, la firme avait envoyé des experts scruter les activités du *Journal de Montréal* durant trois semaines. L'une de leurs recommandations proposant justement de créer une entreprise de distribution avec des camionneurs indépendants, les Messageries Dynamiques furent aussitôt fondées. Quant à Berthold Brisebois, il retint 450 000 $ de recettes qu'il devait aux publications de Pierre Péladeau et engagea contre celui-ci des poursuites pour rupture de contrat. Il fut finalement débouté sur tous les points quelques années plus tard.

À la fin de la grève de *La Presse*, Pierre Péladeau replongea tête première dans des marasmes financiers semblables à ceux qui avaient suivi la fondation de sa première imprimerie. Toutefois, il possédait à présent un quotidien, mais aussi des industries dans les trois secteurs d'activités par lesquels passait la mise en marché d'un journal : l'impression, l'édition et la distribution. Cette recherche de l'intégration verticale serait dorénavant au cœur de la stratégie de Quebecor. Durant les années 1990, après l'acquisition de Donohue et du Groupe Archambault, Quebecor deviendrait un exemple unique et inégalé d'intégration verticale.

5. Le marathon

Après la réapparition de *La Presse* et la chute catastrophique du tirage de son nouveau quotidien, Pierre Péladeau convoqua ses deux principaux conseillers pour décider de l'avenir du *Journal de Montréal*. Charles-Albert Poissant et Wilbrod Gauthier, le comptable et l'avocat, partageaient pour une fois la même opinion : Pierre Péladeau devait fermer les portes de son quotidien et empocher les 100 000 $ de profit réalisés pendant le conflit de travail. Si on considère que, en règle générale, la fondation d'un quotidien entraîne des pertes qui se chiffrent en millions au cours des premiers mois d'existence, ce profit était déjà inespéré.

Ses fidèles conseillers estimaient alors à 800 000 $ la somme nécessaire à la publication du *Journal de Montréal* durant un an. Pierre Péladeau, dont l'ambition démesurée ne pouvait en aucun cas se contenter d'une ribambelle d'hebdomadaires artistiques, décida de poursuivre la publication du *Journal de Montréal* malgré les avis défavorables de ses deux alliés. Il se donnait trois mois pour atteindre le seuil de rentabilité, qui se situait alors à 25 000 exemplaires par jour.

Très vite, le *Journal de Montréal* imita les tabloïds *Métro-Express* et *Montréal-Matin* en paraissant le matin. Ciblant les milieux populaires, le *Journal de Montréal* n'avait rien à gagner du côté des lecteurs de *La Presse* ; pour rejoindre la classe ouvrière, un journal du matin aux articles courts constituait alors la seule formule viable pour un tabloïd. *Métro-Express* l'avait compris dès ses débuts, mais une formule n'était pas suffisante pour implanter un quotidien dans le marché saturé qu'était Montréal. Pour s'imposer, Pierre Péladeau et ses collaborateurs allaient rivaliser d'imagination non seulement pour ravir des lecteurs au *Montréal-Matin*, mais aussi pour créer un lectorat propre à leur publication.

Au terme des trois mois que s'était donnés l'éditeur pour atteindre les 25 000 exemplaires, le tirage avait atteint 24 994 exemplaires, mais la rentabilité n'était toujours pas au rendez-vous; les prix, notamment celui du papier, augmentaient sans cesse. Péladeau gardait toutefois espoir de rentabiliser son journal.

Avec l'espoir de rentabiliser le *Journal de Montréal* et le printemps, naquit Anne-Marie Péladeau le 29 avril 1965. Née sept ans après Isabelle et quatre ans après Pierre-Karl, Anne-Marie était la dernière des quatre enfants qu'eut Pierre Péladeau avec sa première femme, Raymonde.

Bien que l'ascension du tirage du *Journal de Montréal* ne se démentît jamais après sa première dégringolade, l'augmentation continuelle des coûts empêcha le *Journal* de faire des profits durant sept ans. Tout au long de cette période difficile, Pierre Péladeau dut puiser dans les profits de ses autres publications pour financer son quotidien. Avec l'aide de Charles-Albert Poissant, il devait convaincre ses fournisseurs de papier de la viabilité du *Journal de Montréal* afin d'aller chercher un financement que les banques lui refusaient.

Opportuniste, l'homme d'affaires était à l'affût de toutes les bonnes idées qui se présentaient à lui. Jacques Craig, l'un de ses amis, lui soumit l'idée d'imprimer un timbre Gold Star à la une du *Journal de Montréal.* Alors distribués par les supermarchés – dont les épiceries Métro –, les timbres Gold Star, collés dans un livret prévu à cet effet, s'échangeaient contre différents articles, à l'instar des points Air Miles aujourd'hui. Idée anodine à première vue, les timbres, dont la valeur dépassait celle du *Journal* où ils étaient publiés, se révélèrent fort rentables pour le nouveau quotidien. Grâce à eux, le tabloïd dont les trois S – Sang, Sexe et Sport – n'avaient rien pour plaire aux femmes, se faisait peu à peu une place dans le cœur des ménagères.

Par la suite, le *Journal de Montréal* poursuivit son ascension, ayant désormais pour objectif de dépasser en tirage le *Montréal-Matin*. Ce dernier, par son orientation populaire, était en effet un concurrent direct. Entre-temps, en 1971, un nouvel arrêt de travail de plusieurs mois à *La Presse* permit au *Journal de Montréal* de consolider sa position dans le concurrentiel marché des quotidiens montréalais. Encore une fois, l'obstination des typographes à obtenir des garanties de la part de leur employeur fut à l'origine du conflit qui, cette fois, fut décrété sous la forme d'un lock-out par la partie patronale. Rien n'était gagné, mais le *Journal de Montréal* semblait plus que jamais faire partie du paysage médiatique de la métropole. Pierre Péladeau n'était plus le brasseur d'affaires qui publiait des journaux jaunes, mais le président de Quebecor, une société incorporée en 1965 pour chapeauter l'ensemble de ses entreprises.

Signe de son ascension sociale, l'entrepreneur avait dorénavant son chauffeur. Avec ses imprimeries, ses messageries et ses journaux, Pierre Péladeau pouvait dorénavant diriger l'ensemble de la chaîne de production de ses publications... si ce n'est la fabrication du papier. Toutefois, s'il évoquait déjà la possibilité de se lancer dans cette industrie, ce n'est que beaucoup plus tard qu'il concrétiserait ce rêve.

CHAPITRE XIII

LA FIN D'UNE ÈRE

Maurice Duplessis, premier ministre unioniste, s'éteignit en 1959, après avoir exercé le pouvoir durant deux décennies souvent qualifiées de Grande Noirceur. Son conservatisme nationaliste n'était pas sans plaire à Pierre Péladeau, dont les sympathies allaient davantage aux unionistes qu'aux libéraux. Maurice T. Custeau, qui fut directeur du *Journal de Montréal*, disait apprécier travailler avec Pierre Péladeau, car ses méthodes lui rappelaient celles de Maurice Duplessis, sous lequel il avait été ministre.

Malgré les penchants politiques de son fondateur, l'irrévérencieux *Journal de Montréal* allait profiter de la Révolution tranquille et de la liberté de pensée qu'elle amenait pour s'implanter au cœur de la métropole qu'on appelait alors la Ville aux cent clochers. Le journal de l'Union nationale, le *Montréal-Matin*, commençait quant à lui son déclin. Les journaux passaient alors à l'ère industrielle. Le *Journal de Montréal*, qui se caractérisait par son absence d'éditorial, en serait le champion.

Le 24 août 1967, au beau milieu de l'Exposition universelle, *La Presse* – qui appartenait à la famille Berthiaume depuis 1889 – fut cédée à une société spécialisée dans les assurances. Alors présidée par Paul Desmarais, la Corporation de valeurs Trans-Canada (qui prendrait le nom de Power Corporation) dota *La Presse* des mécanismes de gestion qui étaient, en règle générale, d'usage dans les grandes entreprises. Considérés comme des machines à véhiculer des idées, voire comme des services publics, les journaux, souvent des entreprises familiales, avaient jusqu'alors résisté aux us et coutumes de la gestion moderne. L'autre grand quotidien de la métropole, le *Montréal-Matin*, subirait le même sort quelques années plus tard.

1. Jacques Beauchamp

Le parti de Maurice Duplessis, l'Union nationale, s'était porté acquéreur du *Montréal-Matin* en 1947 par l'entremise des éditions Laviolette, dont les chefs successifs de l'Union nationale se transmirent les titres de propriété jusqu'à ce que le quotidien soit vendu. Le *Montréal-Matin* symbolisait le conservatisme combattu et décrié par la Révolution tranquille ; le politicien fasciste Adrien Arcand en avait d'ailleurs été le rédacteur en chef avant la Seconde Guerre mondiale.

L'Union nationale ayant perdu le pouvoir au profit des libéraux de Jean Lesage, elle entrait dans une phase mouvementée de son histoire. Le parti était davantage préoccupé par ses luttes intestines que par la destinée de son quotidien. C'est ainsi qu'en 1969, alors que le dernier premier ministre unioniste, Jean-Jacques Bertrand, était au pouvoir, la direction du *Montréal-Matin* laissa partir Jacques Beauchamp, le chroniqueur sportif le plus aimé de l'histoire du quotidien.

Jacques Beauchamp n'étant plus heureux au *Montréal-Matin*, il accepta en 1969 l'offre de Pierre Péladeau de se joindre à son quotidien. Le tirage du *Journal de Montréal* se maintenait alors autour de 40000 exemplaires, tandis que le *Montréal-Matin* dépassait les 100 000 exemplaires. Si Jacques Beauchamp accepta de travailler pour le même salaire dans un quotidien à plus faible tirage, ce n'est pas tant parce que le *Montréal-Matin* lui semblait menacé, mais parce que Péladeau lui cédait des parts du *Journal*. Faisant face à des problèmes de jeux et aux dettes qui les accompagnaient, Jacques Beauchamp avait alors besoin d'argent.

Bien que Quebecor existât depuis 1965 afin de fournir des services administratifs aux différentes sociétés de Pierre Péladeau, ce n'est qu'à son entrée en Bourse, en 1972, que la société prendrait toute son importance. Le *Journal de Montréal* était depuis ses débuts exploité par la Société de publication du *Journal de Montréal* limitée. Unique actionnaire de la société, Pierre Péladeau allait céder une part substantielle de ses actions à Jacques Beauchamp.

L'éditeur contacta le journaliste sportif dès 1968, par l'entremise du gérant général du *Journal de Montréal*. Jacques Beauchamp se montra réfractaire et ce n'est qu'au terme d'une troisième rencontre qu'il accepta de se joindre au *Journal de Montréal*. Accompagné de l'éternel Charles-Albert Poissant et du futur fondateur de Transcontinental, Rémi Marcoux, Pierre Péladeau accepta les conditions de son futur collègue. Outre le maintien de ses conditions salariales, Beauchamp voulait des actions du *Journal* : 5 % si le tirage franchissait les 75 000 exemplaires, 7 % pour 85 000, 8 % pour 90 000 et 10 % pour 100 000.

« Dès que l'entente fut conclue, le *Journal de Montréal* l'annonça à la une, et la télévision et la radio diffusèrent la nouvelle[47] », relate le journaliste. Dans l'enthousiasme, Jacques Beauchamp quitta le *Montréal-Matin* en débauchant deux de ses collaborateurs de la section des sports : Marcel Gaudette et Jean-Pierre Sanche. En un tournemain, le tirage du *Journal de Montréal* bondit de quelque 25 000 exemplaires. Bien entendu, lors de la cotation en Bourse de Quebecor en 1972, c'est 10 % des actions du *Journal de Montréal* que Jacques Beauchamp eut le loisir de vendre.

2. René Lévesque

Le 29 avril 1970, René Lévesque subit une défaite électorale sous la bannière du Parti québécois dans le comté de Laurier. Successivement journaliste à Radio-Canada, ministre libéral des Travaux publics et fondateur du Parti québécois, René Lévesque se retrouvait alors devant rien. Chef d'un parti politique qui comptait seulement sept députés, il accepta de se joindre au *Journal de Montréal* à la demande de Pierre Péladeau. Chaque semaine, le futur premier ministre du Québec se rendit ainsi au *Journal* pour y déposer sa chronique jusqu'à ce qu'il prenne le pouvoir à l'issue de l'élection de 1976.

En offrant une tribune à René Lévesque, le *Journal de Montréal* s'assurait la fidélité d'un autre lectorat, celui des souverainistes qui, en 1976, compteraient pour plus de 40 % de l'électorat. Lors d'une assemblée organisée par Marcel Chaput dans les années 1960, Pierre Péladeau avait même déclaré ouvrir les pages de ses publications aux indépendantistes. Cette déclaration venait répondre à la prétention du militant Marcel Chaput, selon laquelle le mouvement souverainiste deviendrait majeur une fois « la muraille de papier franchie ». Le militant avait raison : en 1976, alors que le *Journal de Montréal* tirait à plus de 150 000 exemplaires, René Lévesque fit élire le premier gouvernement souverainiste de l'histoire du Québec.

3. Le FLQ

Formé des éléments les plus radicaux du Rassemblement pour l'indépendance nationale (RIN), le Front de libération du Québec était une organisation terroriste d'inspiration marxiste qui prônait l'indépendance du Québec dans les années 1960 et le début des années 1970. L'organisation terroriste forma non seulement plusieurs cadres du *Journal de Montréal*, mais donna également au quotidien l'occasion de publier le dimanche. En effet, les attentats du FLQ allaient faire du *Journal de Montréal* le premier quotidien montréalais à publier sept jours sur sept, l'usage étant alors de ne pas publier le dimanche.

Le ministre du Travail Pierre Laporte ayant été kidnappé le samedi 10 octobre 1970, Pierre Péladeau manqua l'occasion d'un titre tapageur à la une du *Journal de Montréal* le lendemain. Le lundi suivant, tous les Montréalais étaient déjà informés par les médias électroniques, mais aussi par l'hebdomadaire dominical *Dimanche-Matin*, qui était alors distribué par son ancien distributeur. Pierre Péladeau se prépara de manière à ce qu'une telle nouvelle n'échappe dorénavant plus au *Journal de Montréal*. Comme chaque fois qu'il lançait une publication, il attendit qu'une nouvelle importante se présente pour lancer le premier numéro.

Dès la semaine suivante, un événement funeste justifiait déjà le lancement d'une édition du dimanche. Le samedi 17 octobre 1970, on avait retrouvé le cadavre de Pierre Laporte dans le coffre d'une voiture garée à proximité de l'aéroport de Saint-Hubert. Le lendemain matin, 233 500 exemplaires de l'édition spéciale du dimanche du *Journal de Montréal* s'envolèrent. Pierre Péladeau récidiva les semaines suivantes et imposa ainsi un nouveau rythme à ses concurrents, qui ne tardèrent pas à l'imiter.

4. La fin du *Montréal-Matin*

Outre l'élection de René Lévesque, l'année 1976 fut marquée, dans le monde des médias, par le déménagement du *Montréal-Matin* rue Saint-Antoine, dans des locaux contigus à ceux de *La Presse*. En effet, *La Presse*, alors propriété de Paul Desmarais, avait trois ans plus tôt acheté le *Montréal-Matin*. Ce fut le début de la fin du journal qui était jusqu'alors le premier quotidien du matin, *La Presse* appartenant encore à cette époque à la catégorie des quotidiens du soir.

À travers les multiples changements de chefs que subissait l'Union nationale, il s'en trouva un, Gabriel Loubier, pour faire campagne sur le dos du *Montréal-Matin*, le rendant presque responsable de tous les maux qui accablaient son parti. Une fois à la tête de l'Union nationale, il se départit du quotidien le 29 août 1972, en faveur du Groupe Desjardins. Un an plus tard, en août 1973, Power Corporation, qui s'était porté acquéreur de *La Presse* six ans plus tôt, racheta le *Montréal-Matin*, justifiant cette acquisition par le besoin de protéger son marché. Le *Journal de Montréal*, dont le tirage augmentait sans cesse, ne pouvait qu'inquiéter la direction de *La Presse*. Ainsi, en se portant acquéreur d'un quotidien du matin, le groupe qui possédait *La Presse* pouvait concurrencer directement le *Journal de Montréal*, qui, à l'instar du *Montréal-Matin*, paraissait le matin et s'adressait à la masse canadienne-française.

L'acheteur du *Montréal-Matin*, s'il ne visait pas à retirer des profits de son acquisition à la santé financière précaire, voulait du moins amortir les pertes du quotidien matinal : « Avec 136 000 copies [sic], ça permettait pas de faire des bénéfices – c'était pas le but poursuivi par *La Presse* en en faisant l'acquisition –, mais ça permettait de protéger le marché de *La Presse*[48] », commentait le vice-président de *La Presse* et du *Montréal-Matin*, Fernand Roy.

De 1976 à 1978, la salle de rédaction du *Montréal-Matin* demeura indépendante de celle de *La Presse* qui, afin de réaliser des économies d'échelle, avait pris en charge le montage, l'impression, la distribution et même le service des ventes de son homologue matinal. On réussit de cette manière à faire des économies substantielles tout en préservant l'indépendance éditoriale du quotidien.

Tout se déroulait pour le mieux dans le meilleur des mondes jusqu'à ce que, le 6 octobre 1977[49], les employés de *La Presse* décident de déclencher le troisième conflit de travail à toucher le quotidien de la rue Saint-Jacques depuis le lancement du *Journal de Montréal*. La production du *Montréal-Matin* étant assujettie à *La Presse*, le premier cessa également de paraître durant les sept longs mois que dura l'arrêt de travail : « On était en voie d'atteindre l'équilibre financier en 1978, mais quand on dit que l'arrêt de travail de sept mois a eu raison du *Montréal-Matin*, c'est clairement identifié [sic] dans les documents que j'ai devant moi[50]», déclarait Fernand Roy.

La thèse simpliste selon laquelle le départ de Jacques Beauchamp signa l'arrêt de mort du *Montréal-Matin*, véhiculée par les différents livres consacrés à Pierre Péladeau et à Quebecor, ne résiste pas à l'examen des faits. Si la défection d'un chroniqueur aussi influent que Jacques Beauchamp fit vraisemblablement perdre au *Montréal-Matin* plusieurs milliers de lecteurs au profit du *Journal de Montréal*, le succès du second quotidien était dû au même facteur qui l'avait mis au monde 13 ans plus tôt, soit sa présence ininterrompue en kiosque : « De toutes les évaluations qu'on a faites, et on a fait appel à des spécialistes, on en tire la conclusion que l'absence est uniquement la cause de la perte du tirage du *Montréal-Matin*. Vous pouvez pas être absent du marché pendant sept mois[51] », concluait Fernand Roy.

La fin du *Montréal-Matin*, qui coïncidait avec l'élection du Parti québécois et la déconfiture de l'Union nationale, sonnait le glas d'une certaine époque marquée par le conservatisme social et le clergé de l'Église catholique. La célèbre page 7 du *Journal de Montréal*, dont le tirage allait rapidement dépasser les 300 000 exemplaires, affichait chaque jour une femme légèrement vêtue qu'on appelait alors « pin-up ». Les ouailles avaient déserté les églises et, plus que jamais, le Québec tirait un trait sur un chapitre de son histoire.

CHAPITRE XIV

LE *JOURNAL DE QUÉBEC*

En 1967, le *Journal de Montréal* n'avait pas encore renoué avec la rentabilité, mais la progression ininterrompue de son tirage laissait présager qu'elle viendrait sous peu. Entre-temps, les hebdos artistiques de Quebecor, comme autant de machines bien huilées exploitant chacune un créneau particulier, finançaient par leurs immenses profits les ambitions non moins démesurées de Pierre Péladeau. Serge Roy, un correspondant du *Journal de Montréal* à Québec, revenait sans cesse à la charge : il croyait à la viabilité d'un petit frère du *Journal de Montréal* dans la Vieille Capitale. Quand on annonça formellement la mort de *L'Événement Journal*, quotidien de Québec qu'on savait agonisant, Pierre Péladeau accepta de mettre à exécution l'idée de Serge Roy.

1. Le général Vanier

Le 5 mars 1967 paraissait le numéro d'adieu de *L'Événement Journal*; pour y succéder harmonieusement, il eût été logique de lancer le *Journal de Québec* le lendemain matin. Cependant,

Péladeau voulait lancer son deuxième quotidien avec une nouvelle d'importance à la une, comme il l'avait fait pour le *Journal de Montréal* et nombre d'hebdomadaires. Le décès du général Georges Vanier le 5 mars 1967 fut donc providentiel pour le nouveau quotidien du président de Quebecor. Le *Journal de Québec* parut ainsi le 6 mars 1967 en annonçant la mort du premier Québécois à accéder aux fonctions de gouverneur général du Canada qui, de surcroît, était originaire de la ville de Québec.

Avec une équipe initiale de 12 journalistes, publier chaque jour le *Journal de Québec* relevait de l'exploit. Chaotiques, les débuts du quotidien de Québec ne le furent pas moins que ceux de son grand frère de Montréal. Contrairement à son aîné, cependant, le tirage ne monta pas en flèche à ses débuts. S'il finit ultimement par dépasser les 100 000 exemplaires, il passait de 6 000 à 7 000 exemplaires seulement en 1969. Les efforts acharnés de l'équipe du *Journal de Québec* réussirent, peu à peu, à aller chercher les lecteurs un à la fois. Travaillant sept jours sur sept sans prendre de vacances, ces journalistes de la première heure croyaient fermement au succès de leur journal. Pierre Péladeau aussi et c'est pourquoi il finança le journal déficitaire pendant si longtemps.

Si l'accès aux nouvelles extérieures était facilité par l'adhésion du *Journal de Montréal* à l'agence de presse UPI, l'impression du *Journal de Québec* était un calvaire quotidien. Composé et imprimé à Montréal dans les ateliers de la Montréal Offset, le texte du *Journal de Québec* était acheminé chaque soir par téléscripteur, un ancêtre du télécopieur qui permettait de transmettre des caractères par voie électronique. Les photos, elles, étaient transmises par « wirephoto », un système qui permettait d'envoyer des images par l'entremise du téléphone. La mise en page ne pouvant pas être envoyée électroniquement, on devait chaque soir relever le défi de l'expliquer par téléphone aux graphistes montréalais.

Une fois que le quotidien était imprimé à Montréal, on chargeait les camions pendant la nuit pour que le quotidien arrive dans les kiosques de Québec vers cinq heures du matin. Aujourd'hui, plusieurs quotidiens sont imprimés à des kilomètres de distance sans problème, mais à l'époque, le *modus operandi* qui régissait l'impression du *Journal de Québec* était des plus incongrus.

2. L'Est du Québec

En novembre 1971, alors que le *Journal de Montréal* devenait enfin profitable, le *Journal de Québec* reçut son cadeau de Noël à l'avance en accueillant ses premières presses. Un mois plus tard, le petit frère de Québec ne dépendait plus de Montréal pour son impression. Dédiée en premier lieu à l'impression du quotidien – qui ne connaîtrait pas l'équilibre budgétaire avant 1976[52] –, l'imprimerie du *Journal de Québec* devint commerciale en 1975, alors qu'elle commença à desservir des clients extérieurs à Quebecor. En 1977, l'imprimerie du *Journal de Québec* était en voie de devenir la première de l'Est du Québec; les imprimeries de Montréal et de Magog, quant à elles, desservaient l'Ouest du Québec, l'Ontario et les États-Unis.

Au même titre que son imprimerie, le *Journal de Québec* se régionalisait. En automne 1973, le directeur du journal, Jean-Denis Lamoureux, envoya une équipe au Saguenay–Lac-Saint-Jean afin d'y publier une édition régionale du *Journal de Québec*. En trois ans, le tirage de l'édition régionale monta à 35 000. *Le Soleil*, alors numéro un de la ville de Québec, ferma son bureau dans la région pour consolider son emprise sur la zone urbaine de Québec. Pendant ce temps, son concurrent continua de jouer sur les deux tableaux. En effet, tandis que le *Journal de Québec* couvrait plus sérieusement les banlieues et les régions immédiates de Québec, il poursuivait son implantation au cœur de la capitale. Comme son homologue montréalais, le *Journal de Québec* deviendrait le numéro un de son marché et damerait le pion au vénérable *Soleil*.

3. *Le Soleil*

En 1973, une rumeur voulait que *Le Soleil* fût à vendre. Pierre Péladeau, Jacques Francœur et Paul Desmarais étaient intéressés. Celui qui était alors propriétaire de *La Presse* et du *Montréal-Matin*, Paul Desmarais, fut écarté de la course par le premier ministre du Québec, Robert Bourassa, qui craignait la concentration de la presse. Finalement, ce fut Jacques Francœur d'Unimédia qui fit l'acquisition du *Soleil* en 1973. Pierre Péladeau, déjà propriétaire d'un quotidien dans la région, offrit huit millions, mais ne bonifia pas son offre pour enchérir. Pourquoi ? Premièrement, il avait pour stratégie d'acheter des entreprises en faillite ou à rabais. Deuxièmement, il était sûr de pouvoir faire sa place sur le marché de Québec avec son deuxième quotidien.

Paul Desmarais, quant à lui, finit par arriver à ses fins. Unimédia fut vendu à Conrad Black de Hollinger International en 1987. En 2001, Hollinger se départit de ses journaux québécois au profit de Gesca, filiale de Power Corporation. Paul Desmarais avait enfin *Le Soleil*, mais alors, le quotidien traînait de la patte derrière le numéro un de la région : le *Journal de Québec*. Le succès de Pierre Péladeau était stupéfiant : les deux quotidiens lancés dominaient leur marché respectif.

CHAPITRE XV

QUEBECOR S'EN VA-T-EN BOURSE

En 1972, Quebecor existait depuis sept ans. Son *Journal de Montréal* était profitable et ses journaux artistiques continuaient à dominer leur marché. Outre les publications de la socitété, les Messageries Dynamiques distribuaient alors des éditeurs indépendants tandis que les différentes imprimeries de Quebecor commençaient à percer hors Québec. Depuis l'acquisition de l'imprimerie Dumont en 1969, Péladeau imprimait aussi le quotidien montréalais *Le Devoir* et, depuis 1971, des magazines américains, par l'entremise de Montréal-Magog, une imprimerie ultramoderne spécialement fondée pour desservir le marché américain. Pierre Péladeau vivait à cent à l'heure, collectionnait les succès en affaires le jour et les fêtait la nuit. Tout lui réussissait, sinon sa vie familiale, qui était presque inexistante.

Deux nouvelles activités étaient venues se greffer à l'entreprise : la fabrication d'encre d'imprimerie et le développement de photos. Fondées en 1970 par Quebecor, les Encres du Québec étaient alors la première société canadienne à fabriquer de l'encre d'imprimerie.

Quant au développement de photos, c'est par voie d'acquisition que Quebecor s'était lancé dans cette activité. Bref, la société était solidement implantée au Québec et avait un potentiel considérable.

1. Wall Street

Pierre Péladeau fit appel à l'épargne publique pour financer l'expansion de Quebecor. D'abord cotée à l'*American Stock Exchange*, la société québécoise adoptait une démarche qui différait de la tradition, selon laquelle les sociétés québécoises commencent par s'inscrire à la Bourse de Montréal ou encore à celle de Toronto. Pierre Péladeau, non content de se voir offrir une émission d'actions à 7,00 $[53] chez les courtiers de la rue Saint-Jacques, se détourna de la Bourse de Montréal. Conseillé en cela par Charles-Albert Poissant, il se tourna non pas vers le centre financier canadien qu'était en train de devenir Toronto, mais vers Wall Street. À New York, les actions de Quebecor furent ainsi émises à 11,25 $ US.

Pierre Péladeau appela donc son cousin Pierre-André Rinfret, qui gravitait dans le milieu de la haute finance américaine. Après avoir pris connaissance des détails financiers de Quebecor, celui qui avait été conseiller économique pour trois présidents américains, dont Richard Nixon, invita le président de la société québécoise à se rendre à New York le plus tôt possible. Canadienne-française, la famille de Pierre-André Rinfret avait quitté Montréal pour New York en 1929, après la faillite du père. Comme Pierre Péladeau, Pierre-André Rinfret connut la pauvreté dans son enfance avant de devenir riche. Dès 1966, on disait de lui qu'il était l'économiste le mieux payé du monde, et ce, avant même qu'il dirige plusieurs entreprises à Wall Street. Ce serait écrire une autre biographie que de retracer ici son tumultueux parcours.

Une fois Charles-Albert Poissant et Pierre Péladeau arrivés à New York, Pierre-André Rinfret suivit de près le processus de cotation en Bourse, à tel point qu'après avoir référé Quebecor à la firme de courtage E.F. Hutton & Company, il devint administrateur de la nouvelle société publique. L'une des plus grandes firmes de courtage américaines prit ainsi en charge l'introduction en Bourse de la société de Péladeau. Le 10 août 1972, la société québécoise émettait 450 000 actions, au prix de 11,25 $ US l'unité, pour un total de 5 175 000 $ US[54]. André Lemieux, qui avait dirigé des hebdos artistiques, et Henri Duhamel furent les seuls cadres qui, outre Péladeau, profitèrent de l'entrée en Bourse de Quebecor en tant que propriétaires d'actions. Après cette première incursion en Bourse, Pierre Péladeau possédait encore 75,2 % de Quebecor.

Trois mois plus tard, le 16 novembre 1972, Quebecor fit son entrée officielle à la Bourse de Montréal, au grand étonnement des courtiers de la rue Saint-Jacques. Quebecor est la première entreprise de presse québécoise devenue publique ; on peut depuis ce temps consulter sa cote dans les pages financières du *Journal de Montréal* comme de *La Presse*, sous le symbole QBRM.

2. Sous la loupe de Péladeau

Avec les fonds qu'amenait l'appel à l'épargne publique venaient une multitude de devoirs liés à la transparence. Les sociétés publiques, catégorie à laquelle Quebecor appartenait dorénavant, avaient ainsi l'obligation de s'enquérir de la situation financière de l'entreprise pour remettre aux actionnaires des rapports annuels et trimestriels. Pierre Péladeau avait instauré avec ses comptables un système de gestion encore plus serré, qui permettait de suivre la situation financière de Quebecor de beaucoup plus près. Les états financiers des différentes compagnies qui composaient la société étaient déposés devant le conseil d'administration chaque trimestre, mais aussi devant le comité exécutif au terme de chaque mois de l'année.

Ce mécanisme de vérification permettait à Péladeau de surveiller de plus près chacune des divisions de la société. En outre, ce rythme accroissait la pression sur les gestionnaires, dont les entités devaient générer des profits chaque mois. Certains observateurs relevèrent que le taux de roulement des cadres supérieurs chez Quebecor était anormalement élevé. On écrivit abondamment sur le caractère bouillant du grand patron, mais il n'était pas la cause de la majorité des renvois, loin de là. Le mécanisme de vérification en place lui permettant d'évaluer la performance d'un nouveau cadre en à peine un mois, contre trois mois pour une autre société publique, il était à même de décider de son sort plus rapidement.

Il est vrai que Pierre Péladeau cannibalisa la plupart de ses généraux. André Gourd fut durant 10 ans son homme de main, celui qui redressait les entités en difficulté et, avant son départ, le président de Groupe Quebecor. Soudainement insatisfait de son travail, Pierre Péladeau le remercia cavalièrement en 1991. Jacques Girard, que Pierre Péladeau était venu courtiser alors qu'il était président de Télé-Québec, fut lui aussi chassé. Trop technocrate au goût du grand patron, celui qui fut président de Quebecor tenait trop de réunions, de la perte de temps aux yeux de Pierre Péladeau. Rémi Marcoux fut lui aussi, dans les années 1970, son homme de confiance. Il ne se fit pas mettre à la porte, mais Pierre Péladeau lui en voulut toujours d'avoir quitté Quebecor pour fonder sa propre société.

L'éditeur apprit rapidement à déléguer ses tâches, mais eut toujours du mal à déléguer ses pouvoirs. Pour conserver une certaine emprise sur les divisions dont il confiait la direction à des cadres, il s'assurait d'y nommer deux personnalités incompatibles. Si le directeur général et le président du conseil ne s'entendaient pas, par exemple, il pouvait compter sur chacun d'eux pour dénoncer l'autre en cas de mauvaise gestion. Mieux encore, il pouvait ainsi s'assurer de garder le contrôle de ses divisions, puisqu'il était souvent appelé à trancher les différends qui opposaient deux dirigeants antagonistes.

3. La maison de Sainte-Adèle

En 1972, au moment où Quebecor entrait en Bourse, Pierre Péladeau acheta son domaine de Sainte-Adèle. Les liquidités générées par l'ouverture du capital de Quebecor lui permirent de se constituer, probablement pour la première fois de sa vie, un compte bancaire respectable. Riche sur papier, il vivait dans l'abondance depuis déjà plusieurs années, mais ne disposait pas d'argent liquide. Du reste, le multimillionnaire qu'il était déjà vivait plutôt frugalement, si on fait exception de ses excès de boisson. C'est toutefois par hasard qu'il quitta Outremont pour s'établir dans un petit village des Laurentides, Sainte-Adèle où, après la mort du célèbre résident, une rue porterait le nom de Pierre-Péladeau.

Cette maison de campagne, qu'on qualifia de « domaine » par la suite, avait été achetée avec le terrain initial pour quelque 90 000 $[55]. Même à l'époque, il s'agissait d'une aubaine. Invité par son frère Jean à visiter une maison qu'il convoitait, Pierre se laissa convaincre par l'agent immobilier de son frère de visiter une autre maison à Sainte-Adèle. Séduit par les lieux – et le prix –, il se porta aussitôt acquéreur de la propriété. Au fil des ans, le millionnaire annexa des pavillons à cette maison située sur le chemin Sainte-Marguerite, notamment une serre et une piscine intérieure.

Outre le confort que sa nouvelle propriété lui apportait, sa vastitude lui permettait de recevoir et d'héberger sans contrainte aucune. Ainsi, de la même manière qu'il épluchait chaque matin les quotidiens durant son trajet de Sainte-Adèle à Montréal, Pierre Péladeau recevait toute la fin de semaine des employés et des gens d'affaires pour se tenir informé. Au cours de ces fins de semaine, tant les conflits internes – abondants chez Quebecor – que les rumeurs d'acquisitions et les ruptures amoureuses étaient abordés. Avec discrétion, Pierre Péladeau rendait plusieurs petits services, ne serait-ce que le confort et le prestige d'être hébergé dans sa maison. Cette générosité n'était pas désintéressée pour autant, car elle permettait au P.-D.G. d'être en position de force : la position de celui qui sait.

TROISIÈME PARTIE

LE KRACH

CHAPITRE XVI

L'ALCOOL

Le 11 avril 1974, quelques mois après s'être séparé de sa première femme, Raymonde Chopin, Pierre Péladeau fêtait son 49e anniversaire. Ce jour-là, il passa la soirée en compagnie d'amis dans un restaurant à Val-David, *La boîte à Karl*, où les convives se rassasièrent d'une grande quantité de schnaps et de vin.

La soirée avançant, Péladeau se retrouva seul avec un ami, le juge Jean-Paul Saint-Louis, qu'il ne croyait pas apte à conduire sa voiture. Il prit lui-même le volant, bien qu'il ne fût pas moins ivre et qu'il fût de surcroît un si mauvais conducteur que ses proches préféraient généralement prendre le volant plutôt que le laisser conduire. Plusieurs années plus tard, quand il n'aurait pas son chauffeur à sa disposition, ce serait sa seconde femme, Line Parisien, qui le conduirait… quand ce ne serait pas une autre femme.

Le soir du 11 avril 1974, il perdit le contrôle dans le second virage. La voiture du juge fut complètement détruite, mais les deux acolytes s'en sortirent indemnes ou presque... Péladeau eut quatre côtes cassées.

À cette époque, la cotation en Bourse de Quebecor ajoutait un stress quotidien de plus sur les épaules de l'homme d'affaires. Sa femme, dont il s'était séparé au mois de janvier de la même année, abusait de l'alcool et des antidépresseurs en plus de démontrer des tendances suicidaires. Elle ne décrochait pas de son ex-mari, qui demeurait son unique amour. Quant à lui, il était plus que jamais préoccupé par ses affaires.

Tant sur le plan personnel que sur celui des affaires, Pierre Péladeau vivait un stress énorme en 1974. Il déclara dans plusieurs entrevues que s'il n'avait pas arrêté de boire cette année-là, il se serait tiré une balle dans la tête. Il pesait ses mots : il gardait un fusil dans sa chambre à coucher.

1. Les racines de son problème

Pierre Péladeau connut des problèmes d'alcool, on l'a vu, dès le collège classique et tout au long de ses études universitaires. En 1953, il reçut une invitation pour le conventum des anciens élèves de Brébeuf. Tout en buvant de manière effrénée, il s'enorgueillit publiquement de sa petite fortune – il était alors riche de cinq hebdomadaires de quartier. Jadis humilié d'être sans le sou parmi ces enfants de riches, ce soir-là, il avait l'avantage sur ses anciens camarades. En effet, ceux-ci venaient à peine de terminer leurs études en droit ou en médecine tandis que, du haut de ses 28 ans et de tous ses journaux, Pierre Péladeau avait déjà un certain train de vie. Il profita ainsi de la soirée pour proférer des grossièretés aux fils de riches qu'il avait tant jalousés.

Le lendemain, un ami de Brébeuf l'appela pour lui dire qu'on ne l'inviterait pas au prochain conventum. Il alla jusqu'à le qualifier d'ivrogne. Pierre Péladeau était une fois de plus humilié par les fils de riches, qui avaient eu l'occasion de le voir se comporter en butor. L'orgueil, qui était son moteur dans sa course effrénée vers la richesse, le poussa à arrêter de boire durant une décennie.

Peu de temps avant la fondation du *Journal de Montréal*, au début des années 1960, il recommença pourtant. Après les longues journées de travail à régler les problèmes quotidiens tout en tâchant de faire augmenter le tirage de ses journaux, Pierre Péladeau prit l'habitude d'inviter quelques-uns de ses employés dans son bureau pour boire du scotch. La soirée se poursuivait généralement dans un bar ou un restaurant avec des bouteilles de vin.

L'homme d'affaires devait supporter financièrement un quotidien dont chaque parution l'appauvrissait. Dans ses anciens locaux de la rue Papineau, on pouvait même trouver au *Journal de Montréal* des bars dissimulés, de véritables caches où le directeur et ses employés s'approvisionnaient en alcool. Pierre Péladeau buvait en travaillant pour se dérober au stress qui l'habitait. S'il pouvait boire jusqu'au petit matin, il ne s'en levait pas moins à l'aube pour s'occuper de ses affaires. Cette situation se poursuivit jusqu'en 1974. Après son accident avec Jean-Paul Saint-Louis, Pierre Péladeau rappela sa femme, dont il était séparé. Raymonde Péladeau était alors membre des Alcooliques Anonymes.

2. Les A.A.

Il était deux heures du matin et Pierre Péladeau était dans un état d'ivresse avancé. Il téléphona à sa femme, qu'il n'avait pas vue depuis plusieurs mois. Réveillée en pleine nuit par son mari infidèle, elle lui dit qu'elle prierait pour lui. C'est ainsi que le lendemain, un vendredi, il l'invita à venir passer la fin de semaine à sa maison de Sainte-Adèle, où les deux époux avaient cohabité. L'homme d'affaires, qui devait emmener l'une de ses maîtresses à Paris le samedi suivant, se rendit bien compte de l'incongruité de la situation. Plutôt que d'admettre son erreur, il s'en prit à sa femme, à qui il en voulait tout à coup d'être là. Éperdument amoureuse de lui, Raymonde fit appel à un membre des Alcooliques Anonymes, Solange Harvey, qui agissait à titre de personne-ressource auprès d'elle.

Solange Harvey – qui deviendrait par la suite courriériste au *Journal de Montréal* – venait tout juste de rencontrer Raymonde Péladeau dans un groupe de soutien des A.A. Sans savoir à qui elle avait affaire, elle lui avait laissé son numéro de téléphone, puisque, à l'instar du Pierre dont Raymonde parlait abondamment, elle habitait alors à Sainte-Adèle : « Elle continue de parler de Pierre, personnage qui semble constituer pour elle non seulement une préoccupation, mais une obsession déchirante. Au cours de la conversation, elle en vient à révéler que Pierre l'a invitée à sa maison de Sainte-Adèle pour la fin de semaine, mais qu'elle a peur de s'y rendre, convaincue qu'elle va rechuter[56]. »

Jacques Craig, dont l'idée de publier des timbres Gold Star à la une du *Journal de Montréal* avait, dix ans plus tôt, contribué au succès du quotidien, conseillait Solange Harvey au sein des A.A. À cette époque, il était directeur des ventes du *Journal de Montréal* et tentait déjà de convaincre son patron et ami de se joindre au mouvement et d'arrêter de boire comme il l'avait fait. Toujours est-il que c'est Solange Harvey qui convainquit Pierre Péladeau d'assister à une première séance au sein des A.A., puis à une deuxième… avec le succès que l'on connaît. Le célèbre éditeur, à cause de ses nombreux témoignages sur le sujet, tant publics que privés, serait par la suite désigné comme « le moins anonyme des Alcooliques Anonymes ».

D'abord sceptique face au regroupement, Pierre Péladeau accepta tout de même l'invitation de Solange Harvey à assister à une séance qui avait lieu à Sainte-Agathe. Pour ce faire, il reporta son voyage à Paris. Malgré tout le mal qu'il dit de sa première séance, il reporta encore une fois son voyage à Paris pour assister à une seconde rencontre. De fil en aiguille, il finit par adhérer aux Alcooliques Anonymes et ne partit jamais pour Paris avec la maîtresse en question. Pierre Péladeau serait dorénavant Monsieur P., du moins pour les A.A., dont c'était la tradition de nommer les membres de manière à conserver leur anonymat.

Exubérant en tout, Pierre Péladeau convertit par la suite sa maison de Sainte-Adèle en véritable caravansérail pour les alcooliques, criminels, drogués et suicidaires qui avaient la chance de croiser son chemin. Ses enfants restèrent marqués par cet entourage hors du commun qu'ils côtoyaient dans leur intimité. Souvent, ils trouvaient même dans leur lit des étrangers à qui leur père avait accordé l'hospitalité. Ce dernier fonçait dans la vie sans retenue aucune depuis son plus jeune âge : il avait agi de la même manière avec l'alcool et maintenant qu'il s'impliquait dans le mouvement des A.A., il ne modérait pas plus ses ardeurs. Son enthousiasme des premières années fut tel qu'on le vit, tout grippe-sou qu'il était, offrir des emplois de cadre aux malheureux qu'il recueillait.

À tous ceux qui éprouvaient des problèmes, quelle qu'en fût la nature, Pierre Péladeau faisait parvenir de la documentation sur les A.A. ou les invitait à venir avec lui lors d'une séance du mouvement. Son prosélytisme ne s'arrêtait pas à ceux qui vivaient des difficultés. L'ensemble de ceux qu'il côtoyait se virent ainsi proposer d'assister avec lui à une réunion des A.A. Le pianiste Pierre Jasmin, dont Péladeau fit d'ailleurs la connaissance l'année où il arrêta de boire, faisait partie de ceux-là : « Il a dû me proposer trois fois de venir avec lui aux A.A. Pourtant, je n'ai jamais eu de problème avec l'alcool. Pour Pierre Péladeau, assister à ces rencontres était une expérience humaine unique qu'il voulait partager. Écouter des gens se mettre à nu, c'était pour lui une manière de revenir à l'essentiel. »

Prosélyte, Monsieur P. l'était devenu sans aucun doute, mais il n'était pas moralisateur pour autant. Il gardait dans sa maison de Sainte-Adèle des alcools fins et des bouteilles de vin qu'il n'hésitait pas à proposer à ses invités. Il humait même le vin, pour annoncer à ses convives qu'il s'agissait d'un bon cru.

Un mois après l'accident de voiture, il décida d'arrêter de boire le 20 mai 1974. Sa décision prise, l'affaire était tranchée : il ne boirait plus une goutte d'alcool. Cependant, il entrait dans une longue période de dépression, qui serait marquée par des épisodes maniaco-dépressifs et, en affaires, par des échecs cuisants.

3. Deux quotidiens avortés

Lancé par Quebecor, le quotidien *Le Journal du Nord-Ouest* devait couvrir les villes de Rouyn-Noranda, Val-d'Or et Amos. Lors de son lancement, le 7 octobre 1974, Pierre Péladeau venait de faire l'acquisition de deux hebdomadaires en Abitibi – *L'Écho abitibien* et *La Frontière* – et comptait s'implanter dans la région. En mai 1975, un an après avoir arrêté de boire, l'éditeur ferma son quotidien vieux d'à peine quelques mois. Il avait accepté sept ans de déficit au *Journal de Montréal*, mais en 1975, sept mois étaient trop longs. Quebecor était coté en Bourse et on disséquait ses activités dans les journaux. Par ailleurs, l'homme était entré dans un cycle de dépression qui devait durer plusieurs années.

Péladeau avait aussi annoncé le lancement d'un quotidien francophone qui, basé à Moncton, devait couvrir le Nouveau-Brunswick, l'Est du Québec et le Nord-Est des États-Unis. *Le Journal L'Acadie*, dont il avait prévu le lancement en octobre 1975, ne vit jamais le jour. L'annulation était sans doute due à l'échec essuyé par son *Journal du Nord-Ouest*. Il est aussi fort probable que Pierre Péladeau ait fait cette annonce dans le seul but d'intimider les propriétaires de *L'Évangéline*. En effet, le magnat de la presse tentait à la même époque de mettre la main sur le seul quotidien francophone de la région.

4. Le maniaco-dépressif

Lorsque Pierre Péladeau décida d'arrêter de boire pour une seconde et dernière fois, ce ne fut pas parce que ses habitudes de consommation l'empêchaient de travailler. Au contraire, il travaillait alors à plein régime. Le problème venait plutôt de la cyclothymie, une forme bénigne de maniaco-dépression que le lithium permet de contrôler. Depuis son plus jeune âge, il s'enivrait de manière à régulariser sa cyclothymie et à apaiser les pulsions destructrices qui l'animaient. Dans les années qui suivirent sa décision d'être sobre, ses épisodes de dépression devinrent ostensibles pour ses proches.

Une décennie après avoir arrêté de boire, un membre des A.A. fit découvrir à Pierre Péladeau un livre qui allait changer sa vie : *Nous sommes tous des maniaco-dépressifs*, de Ronald Sièvre. « J'ai trouvé ce livre extraordinaire : je l'ai lu d'un bout à l'autre deux fois de suite. [...] Et c'était la réponse que je cherchais[57] », en dirait-il. Patricia Pitcher a d'ailleurs traité de la cyclothymie du fondateur de Quebecor dans *Artistes, artisans et technocrates dans nos organisations*[58]. Dans cet essai tiré de sa thèse de doctorat, Patricia Pitcher soutenait que les grands entrepreneurs sont des artistes dont la personnalité exubérante s'explique souvent par les diverses formes de maniaco-dépression, dont la cyclothymie.

Pierre Péladeau, qui s'était lié d'amitié avec Jean-Marc Brunet peu après avoir arrêté de boire, avait négligé la médecine traditionnelle pour se concentrer sur les méthodes naturelles de son ami. Fondateur des boutiques de produits naturels du même nom, Jean-Marc Brunet était redevable au magnat de la presse des conseils qu'il lui avait prodigués et sous l'impulsion desquels son réseau de boutiques passa rapidement de 9 à 40 concessions et succursales[59]. De toute évidence, cependant, la cyclothymie de Pierre Péladeau ne pouvait pas être traitée par des produits naturels, comme en témoignent les épisodes de dépression profonde qu'il traversa entre son adhésion aux A.A. et sa découverte du lithium.

Pierre Péladeau traita finalement sa cyclothymie avec du lithium. Si sa vie fut dès lors plus équilibrée, ses idées de suicide ne se dissipèrent pas pour autant. Il ne cessa jamais non plus de collectionner les femmes et s'il ne but jamais plus une seule goutte d'alcool après avoir tiré un trait sur cette habitude, il but chaque jour, et ce, jusqu'à sa mort, une quantité phénoménale de café.

CHAPITRE XVII

LA FOI

La conversion de Pierre Péladeau à la foi eût pu être une étape dans la construction de son mythe. À l'instar du poète Paul Verlaine, dont la conversion tardive succéda à une vie de « péchés », l'homme d'affaires ne se refusa pas le luxe de devenir croyant.

Le mouvement des Alcooliques Anonymes fut à la base de cette singulière conversion. Lors de ses premières visites, Pierre Péladeau avait du mal à croire que les membres du mouvement lui offraient une aide désintéressée. Adepte de la théorie du surhomme, ayant toujours affronté la vie sous l'optique du combat à livrer, de la loi de la jungle, il eut le réflexe de penser qu'ils voulaient lui soutirer de l'argent. Peu à peu, il fut troublé par l'évidence qui s'imposait à lui : le monde dans lequel il vivait n'était pas celui que dépeignait Friedrich Nietzsche. Amené par les A.A. sur le chemin de la foi, Pierre Péladeau s'ouvrait à une toute nouvelle dimension de l'humanité, celle de la générosité, à laquelle il n'avait pas cru jusqu'alors.

1. Conversion en altitude

À l'époque où Pierre Péladeau s'initia au mouvement des A.A., il s'était habitué à un va-et-vient, le plus souvent en avion, entre la région montréalaise et l'Abitibi. Outre le quotidien qu'il avait lancé sans succès dans la région, il avait cette année-là fait l'acquisition d'importants actifs en Abitibi, dont l'Imprimerie Lebonfon à Val-d'Or, *L'Écho abitibien* et Rouyn-Noranda Press. Remué par ce qu'il découvrait chez les A.A., affaibli par la période difficile qu'il vivait, un voyage de retour en avion fut l'occasion pour lui de remettre en question jusqu'à ses convictions les plus profondes.

Après avoir fait l'acquisition d'un journal en Abitibi, Pierre Péladeau prit un avion pour Montréal en compagnie d'à peine quatre autres passagers. Une fois en altitude, Pierre Péladeau dont la somme des trajets en avion devait équivaloir à plusieurs fois le tour de la terre, prit peur. Soudain, l'évidence de Dieu lui apparut par le raisonnement suivant : « Le gars qui pilote, je l'ai jamais vu de ma vie. Et il mène ma vie, là. [...] Tout à coup, il m'est apparu clair que si ce gars-là menait ma vie, il y avait quelqu'un qui menait la sienne. Je me suis dit que Dieu menait sa vie, et j'ai éprouvé un sentiment profond de sécurité[60]. »

Conscient que le raisonnement qui l'amena à croire en Dieu était simpliste, il ne tenta pas de convaincre qui que ce soit de l'existence de Dieu ; au contraire, il illustrait par l'exemple à quel point croire en Dieu pouvait être bénéfique. Jamais il n'invoquait la vie après la mort ; son discours se limitait aux vivants qui, par leur foi, pouvaient améliorer leur qualité de vie.

2. Une croyance toute particulière

Férocement athée depuis toujours, Péladeau se convertit ainsi à une foi toute personnelle, qui avait peu à voir avec le catholicisme. En effet, non seulement sa haine du clergé resta toujours la même, mais il ne cessa pas de fréquenter toutes les femmes dont il avait envie : « Je crois que faire l'amour à tous les jours, c'est dire la plus belle des prières », déclarait-il au magazine *Châtelaine*[61].

Croire en un être supérieur pouvait l'aider dans les moments difficiles, mais aussi dans sa vie de tous les jours. Un tel pragmatisme dans le domaine spirituel n'était pas sans éveiller le doute sur sa sincérité. Dans un documentaire[62], sa fille aînée, Isabelle, qui avait 16 ans à l'époque où son père se mit à croire en Dieu, va jusqu'à remettre en question la véracité de sa foi. Amie intime et biographe de Pierre Péladeau, Colette Chabot ne doute toutefois pas une seconde de la sincérité de l'homme. Un jour qu'elle l'avait appelé pour lui faire part de ses difficultés, il lui parla de sa foi : « Monsieur Péladeau m'a montré qu'il fallait que je prie. Il fallait que je dise à un mort qui m'était cher de s'élever dans le plan divin. Puis, lui demander de m'aider. Au début, je trouvais ces conversations-là un peu étranges », rapporte Colette Chabot.

« Prier, c'est demander de l'aide. C'est ça que ça veut dire et pas autre chose[63] », expliquait Pierre Péladeau. Dans quelle mesure croyait-il en ce Dieu qui, dans sa conception, n'était rien d'autre qu'une manière de faire confiance à la vie, de se délester de l'écrasante responsabilité qu'engendrait le culte de la volonté qu'il avait chéri jusqu'alors ? Nul ne le saura jamais. Pierre Péladeau ne fut pas un fumiste et encore moins un cynique manipulateur. Il assuma sa singularité jusque dans ses moindres retranchements ; il fut franc jusque dans ses contradictions.

3. L'amour des moribonds

Ayant découvert l'empathie, Pierre Péladeau se découvrit une passion peu commune : l'accompagnement des mourants en phase terminale. Aussi enthousiaste que lorsqu'il invitait ses proches aux réunions des A.A., il voulait partager cette expérience d'accompagnement : « L'accompagnement des gens mourants, ça a été une révélation dont il m'a parlé à sa manière : “Tu devrais faire ça !” », évoque Pierre Jasmin.

Danielle Ouimet, que Pierre Péladeau avait abordée dans les années 1970 pour qu'elle fasse la page 7 du *Journal de Montréal* – la page de la « pin-up » –, se rappelait d'une fois où celui qui était devenu son ami l'avait emmenée visiter un mourant : « Un jour, il m'appelle : " Allô, c'est Pierre. Je t'envoie mon chauffeur, on s'en va voir un ami qui en a besoin. Sois à l'heure, j'aime pas ça les gens qui sont en retard. " En chemin, je ne savais pas quoi lui dire. Une fois arrivée, je me ramassais au chevet d'un peintre [Laurent Brunet] mourant, qui avait le cancer de la langue[64]. »

En accompagnant des cancéreux en phase terminale, Péladeau apprivoisait en quelque sorte la mort, cette inconnue qu'il ne s'était jamais résigné à visiter malgré ses pulsions suicidaires. « Il se savait laid et, dans sa jeunesse, avait du mal à s'accepter », relate Danielle Ouimet. Mal dans sa peau et vivant dans une insécurité profonde, le grand homme d'affaires aurait sans doute mis fin à ses jours s'il n'avait pas eu peur de la mort. La pression de sa mère, aussi froide qu'exigeante, et l'humiliation de son père pesaient à tel point sur ses épaules qu'il s'était rapidement inventé un bouclier, un personnage haut en couleur qui avait peu à voir avec la réalité.

Il avait sciemment choisi cette voie, car elle seule pouvait le rassurer et l'amener au bonheur : « Il avait choisi de croire parce que ça le calmait, ça le ramenait à des choses terrestres. Le néant le terrorisait et croire le rassurait », se rappelle Danielle Ouimet. Pierre Péladeau ne rêvait pas d'une vie éternelle ; il ne voulait ni pierre tombale ni notice nécrologique dans son journal. Avec la foi, il se réconciliait avec lui-même et, sans jamais renier ce culte de la volonté qui l'avait amené à se dépasser, il vivait pour s'amuser.

Son jeu préféré, celui du pouvoir, allait dorénavant primer sur le combat qu'il livrait contre lui-même. Les mourants, paradoxalement, le ramenaient aux impératifs de la vie, dont il fallait profiter avant qu'il soit trop tard. Danielle Ouimet, qui finit par accepter de poser pour la page 7 du *Journal de Montréal*, rapporte les paroles du nouveau Pierre Péladeau : « Il disait : " Quand je vais mourir, je vais revenir vers mon Créateur. " Son Créateur, je suppose que ça devait être le néant, parce qu'il savait qu'il allait vers le néant[65]. »

CHAPITRE XVIII

LES FAUCONS

Les années 1975 et 1976 furent difficiles pour Pierre Péladeau. Sur le plan personnel, il perdit sa femme, qui se suicida dans des circonstances que nous expliquerons au prochain chapitre. Sur le plan professionnel, il perdit deux de ses généraux, qui le quittèrent pour fonder leur propre entreprise. Rémi Marcoux et Claude J. Charron fondèrent respectivement Transcontinental et Trustar, deux sociétés qui concurrenceraient sérieusement Quebecor dans leur secteur respectif : l'imprimerie et les magazines artistiques. Dans une moindre mesure, la perte de René Lévesque – dont l'élection à la tête du gouvernement en 1976 mit fin à sa chronique dans le *Journal de Montréal* – viendrait s'ajouter à la liste des pertes en matière de ressources humaines.

Avant son passage à l'émission de Lise Payette, on avait demandé un curriculum vitæ au magnat de la presse. Il remit une feuille qui résumait sa carrière à ceci : maîtrise en philosophie de l'Université de Montréal, licence en droit de McGill et acheteur du *Journal de Rosemont* en 1950. En effet, Pierre Péladeau n'occupa, avant de se lancer en affaires, que quelques emplois d'étudiant. S'il s'était cultivé à l'université, il n'avait, quand il a acheté le *Journal de Rosemont*, aucune expertise dont il pouvait tirer profit, sinon celle d'organiser des événements. Au centre de la réussite de Pierre Péladeau, on ne trouve d'autre talent que celui d'être capable d'en dénicher.

Savoir reconnaître le potentiel d'un individu, celui d'une société ou d'un marché, voilà la plus grande force du personnage. Pierre Péladeau était visionnaire. Travailleur acharné, mégalomane, combatif, déterminé ; tous ces traits de caractère ne sont pas des talents. S'ils le menèrent toutefois aussi loin, c'est que l'homme d'affaires sut très tôt s'entourer de collaborateurs compétents et, là où il le fallait, de véritables leaders. Ces derniers, ne pouvant pour la plupart se contenter de travailler pour un autre, quittèrent l'un après l'autre le navire Quebecor pour voler de leurs propres ailes. D'autres prirent rapidement la porte à défaut de s'entendre avec le grand patron. On appelait cela « passer par l'école Péladeau ».

Toutefois, l'homme d'affaires ne s'entoura jamais de collaborateurs complaisants ni de béni-oui-oui. Il voulait que ses employés aient leurs opinions propres. Durant les premières années du *Journal de Montréal*, par exemple, Pierre Péladeau avait son mot à dire sur la une. Il avait à ce sujet des prises de bec avec le rédacteur en chef, Gérard Cellier, qui, tout en prenant en considération l'opinion du grand patron, avait la liberté de n'en faire qu'à sa tête. Il s'en prévalait souvent, d'ailleurs.

Dans les années 1970, Claude J. Charron, alors éditeur de *Nouvelles illustrées*, voulait en changer le format tabloïd pour en faire un magazine. Pierre Péladeau, qui voyait aussi l'édition du point de vue de l'imprimeur qu'il était, ne croyait pas à la nécessité d'un changement aussi coûteux. Tout aussi têtu que son patron, le jeune éditeur démissionna pour fonder sa propre boîte.

1. Claude J. Charron

Dès son plus jeune âge, Claude J. Charron dévorait les ancêtres des journaux artistiques, des hebdomadaires populaires comme *La Patrie* et *Le Petit Journal* auxquels sa mère était abonnée. Le jeune surdoué se désintéressa rapidement de ses études et quitta le collège classique. À l'âge de 19 ans, si Claude J. Charron n'avait ni emploi ni diplôme, il avait du moins une passion : les journaux artistiques. Son barbier lui apprit que les Publications Péladeau étaient à la recherche de réviseurs. Le futur éditeur proposa donc ses services au directeur des hebdos, Gilles Morin, mais ce dernier ne lui confia pas le poste. Humilié, Charron lui envoya des exemplaires de *Photo-Vedettes*, du *Journal des vedettes* et de *Nouvelles illustrées* dont il avait corrigé les fautes, annoté les textes et remis en question la mise en page.

Impressionné par l'audace du jeune homme et la justesse de son analyse des hebdomadaires en question, Gilles Morin l'embaucha, mais pas comme réviseur. À 19 ans, Claude J. Charron était nommé codirecteur de *Photo-Vedettes*. Huit mois après sa nomination, le tirage de l'hebdomadaire avait bondi de 16 000 à 74 000 exemplaires. Deux ans plus tard, on confiait au prodige de l'édition le poste de gérant de la rédaction de *Télé-Radiomonde*.

Claude J. Charron passerait ainsi d'un hebdo artistique à un autre, pour insuffler des idées aux journaux auxquels Pierre Péladeau n'avait pas de temps à consacrer, occupé qu'il était à faire progresser le tirage du *Journal de Montréal*, puis de son petit frère de Québec. Après un passage de deux ans en tant que directeur de l'information à *Échos-Vedettes*, Charron aboutit à *Nouvelles illustrées*, où survint le désaccord susmentionné avec Pierre Péladeau : Claude J. Charron voyait l'avenir de la presse artistique dans le magazine, tandis que Pierre Péladeau privilégiait le format tabloïd.

2. *Le Lundi*

Après plus d'une décennie de loyaux services chez Quebecor, marquée par un intermède où il fit une tentative infructueuse en affaires, Claude J. Charron fut remercié de ses services. Il fonda par la suite *Elle et lui*, un magazine qui, chaque mois, dressait le portrait d'un couple de célébrités. Cependant, le grand projet qui l'animait était la fondation d'un hebdomadaire artistique à l'image de ceux qu'il avait dirigés chez Quebecor, mais en format magazine. Son rêve prit la forme du magazine *Le Lundi*, dont le premier numéro parut le 19 janvier 1977.

La première année de l'hebdomadaire fut marquée par les problèmes financiers et l'alcoolisme de son fondateur. Pierre Péladeau, dont il parlait souvent dans sa chronique du *Lundi*, constituait pour lui un véritable modèle. Malgré la concurrence qu'ils se livraient, les deux éditeurs resteraient amis jusqu'à la mort du plus vieux des deux.

Alors que Claude J. Charron faisait un séjour au centre de désintoxication d'Ivry-sur-le-Lac, Pierre Péladeau, qui avait arrêté de boire deux ans plus tôt, vint régulièrement l'encourager. Cette intimité sur le plan personnel n'empêcha pas le magnat de la presse de lancer, en 1978, une première publication en format magazine pour concurrencer son ancien employé. *Montréal*, qui était une réplique du *Lundi*, rendit l'âme après moins d'un an.

Quelque 11 mois après le lancement de son premier hebdomadaire, Claude J. Charron était devenu sobre. Son problème d'alcool réglé, la mort d'Elvis Presley allait apporter une solution à son deuxième problème : les finances. Opportuniste en affaires à l'instar de son mentor et premier patron, Claude J. Charron vit dans la mort du King l'occasion rêvée de frapper un grand coup. Il réunit ainsi une quantité importante de photos d'Elvis qui, accompagnées de textes courts retraçant l'ensemble de sa vie, firent l'objet d'une édition spéciale sur le chanteur. Non seulement l'éditeur en vendit 100 000 exemplaires en un temps record, mais il écoula aussi 100 000 exemplaires supplémentaires qu'il fit imprimer de toute urgence à la demande de son distributeur. *Le Lundi* était de nouveau à flot.

Plus tard, constatant que le lectorat du *Lundi* suivait assidûment la télésérie américaine *La petite maison dans la prairie*, Claude J. Charron décida d'envoyer un journaliste à Hollywood pour couvrir la série et, bien sûr, la vie privée de ses comédiens. En un an, le tirage grimpa à 160 000 exemplaires, assurant au *Lundi* le haut du pavé des magazines artistiques.

En 1984, Claude J. Charron vendit *Le Lundi* à Jacques Francœur d'Unimédia, ce qui ne fut pas sans attiser la colère de Pierre Péladeau, qui voulait en faire l'acquisition. Jacques Francœur, dont la presse artistique n'était pas le créneau, revendit l'hebdomadaire à Quebecor. Pas plus que son prédécesseur, Pierre Péladeau n'arriva à faire du *Lundi* une publication rentable. Pour une bouchée de pain, il en revendit donc 50 % à Claude J. Charron en 1992. Entre-temps, le prodige de l'édition avait fondé Trustar qui, avec l'hebdomadaire *7 jours*, contrôlait 77 % du marché québécois des magazines. En 2000, Claude J. Charron vendit Trustar à Groupe TVA pour 46 millions de dollars, dont une moitié en liquide et l'autre en actions. De son côté, l'éditeur en série qu'était Charron s'engageait, dans une clause de non-concurrence, à ne pas lancer de magazines au Québec avant cinq ans. Un an plus tard, après l'acquisition de Vidéotron, Quebecor achetait en quelque sorte pour une deuxième fois *Le Lundi*.

Lorsque son entente de non-concurrence avec TVA vint à échéance, en 2005, Claude J. Charron revint avec son nouveau bébé, *La Semaine*, hebdomadaire dans lequel il avait investi 20 millions de dollars. Rappelons que l'éditeur avait essayé d'implanter, à l'époque où il éditait *Le Lundi* avec succès, un magazine d'information portant ce nom, mais sans succès. Cette fois, il avait les moyens de ses ambitions et son hebdomadaire artistique s'imposa rapidement.

Imprimée par Transcontinental, le groupe de Rémi Marcoux, *La Semaine* comptait sur un partenariat avec les chaînes concurrentes de TVA, Radio-Canada et TQS, pour contrecarrer la stratégie combative de Quebecor. Claude J. Charron avait 60 ans lorsqu'il lança *La Semaine.* Sans enfant, il affirma qu'il ne vendrait pas, cette fois, mais gageons que dans un avenir plus ou moins éloigné, *La Semaine* viendra retrouver ses frères aînés au sein de Quebecor...

3. Rémi Marcoux

Fils d'un petit commerçant beauceron, Rémi Marcoux quitta ses études classiques pour se réorienter en électronique après le décès de son père. Tout en travaillant dans ce domaine pour la Défense nationale, il suivit des cours du soir à l'école des Hautes Études commerciales (HEC) pour devenir comptable. À la fin de ses études, il fit un stage dans un bureau de comptables dont Pierre Péladeau était client. Pour le jeune diplômé, le fondateur de Quebecor incarnait alors l'entrepreneur idéal, parce que même en étant francophone, « il avait de l'audace et du succès[66] », à une époque où le monde des affaires était surtout anglophone.

En 1968, Rémi Marcoux entra chez Quebecor pour occuper le poste de contrôleur général. Rapidement, il devint l'homme de confiance de Péladeau, qui lui confia successivement les postes de directeur général des Messageries Dynamiques et de vice-président à l'exploitation. Il était d'ailleurs directeur général des Messageries Dynamiques lorsque son patron lui imposa Claude J. Charron, dont il venait de se débarrasser. Rémi Marcoux, qui ne savait que faire de lui, assura cependant à Charron une transition qui lui permit de méditer plusieurs projets d'édition. En effet, tout en restant chez lui, le futur éditeur du *Lundi* toucha les chèques de paie des Messageries Dynamiques durant les neuf mois qui suivirent.

À défaut d'un programme lui permettant de devenir un actionnaire important de Quebecor, Rémi Marcoux cherchait une occasion de se lancer en affaires. Le mari de Denise Péladeau – la sœur de Pierre –, André Lemieux, avait été le premier comptable de Pierre Péladeau au *Journal de Rosemont*; il avait aussi acheté des actions d'Imprimerie Hebdo, la première imprimerie du magnat de la presse. Le beau-frère de Péladeau s'était par la suite lancé à son compte, pour fonder sa propre imprimerie. Après sa mort, son gendre prit les rênes de son imprimerie, mais sans succès. Après la perte d'un important contrat qui menaçait la survie même de l'entreprise, le gendre souhaitait à présent se départir de la petite imprimerie de ville Saint-Laurent. Bien qu'elle comptât à peine une trentaine d'employés, l'imprimerie portait le nom pompeux de Trans-Continental. Avec deux associés, Claude Dubois et André Kinsley, Rémi Marcoux se porta alors acquéreur de cette imprimerie en décembre 1975 ; en janvier 1976, les associés prenaient le contrôle des opérations et Pierre Péladeau perdait un deuxième bâtisseur.

4. Transcontinental

Pour remercier Rémi Marcoux du bon geste qu'il avait naguère eu envers lui, Claude J. Charron, lorsqu'il lança *Le Lundi*, choisit de le faire imprimer par l'entreprise rebaptisée Groupe Transcontinental par ses fondateurs. Les débuts de Transcontinental furent aussi marqués par l'impression du quotidien souverainiste *Le Jour*. Cofondé par René Lévesque, alors chroniqueur au *Journal de Montréal*, Yves Michaud et Jacques Parizeau, le quotidien dont Transcontinental sortait environ 30 000 exemplaires par jour s'éteignit trois mois avant l'élection du Parti québécois en 1976.

Malgré ces contrats symboliques, l'impression commerciale – journaux, magazines – n'était pas le secteur convoité par Transcontinental qui, à l'époque, n'aurait pas pu rivaliser avec les grands de ce marché. Dès le départ, les nouveaux propriétaires donnèrent une nouvelle orientation à leur imprimerie, qui se consacrerait principalement à l'impression de circulaires. À l'époque, la circulaire était un outil publicitaire marginal, dont s'occupaient les imprimeurs de journaux à temps perdu.

Deux ans plus tard, en 1978, l'imprimeur se lança dans la distribution de circulaires de porte en porte : le Publi-Sac était né. Le marché des circulaires, qui étaient jusqu'alors envoyées par la poste ou encartées dans les journaux, prenait son essor. Ayant créé de toutes pièces le marché des circulaires au Québec avec le Publi-Sac, Transcontinental connut des années fastes d'expansion, principalement dans le domaine de l'imprimerie.

Imprimeur avant tout, Transcontinental suivit Quebecor sur le chemin de la presse écrite, mais de manière prudente. En effet, l'entreprise privilégia toujours les acquisitions et les partenariats pour accroître sa présence dans le domaine de l'édition. Ainsi, c'est par hasard que Transcontinental entra en 1979 dans le créneau des publications d'affaires. Le fondateur de la publication économique *Les Affaires* étant récemment décédé, Rémi Marcoux et ses associés décidèrent de mettre la main sur le journal dont la situation financière était à ce point précaire que sa survie même était en péril. En 1982, l'imprimeur acheta aussi pour 700 000 $ la revue *Commerce* qui, fondée en 1898, avait acquis une certaine autorité dans le milieu de la presse financière. Par la suite, Transcontinental ajouta notamment *Affaires Plus* et *PME* à son éventail de publications financières.

Trois décennies après sa fondation, en 2006, Groupe Transcontinental pouvait se targuer d'être le premier imprimeur sur le marché canadien et le septième en Amérique du Nord. L'imprimeur Quebecor World, dont nous expliquerons le succès plus loin, était alors le deuxième plus grand imprimeur du monde, après avoir été devancé par RR Donnelley. Le groupe présidé par Rémi Marcoux était aussi le quatrième groupe de presse canadien et le deuxième éditeur de journaux communautaires. Sun Media, une filiale de Quebecor Media, était respectivement deuxième et premier dans ces créneaux. Sans avoir dépassé le maître, l'homme discret qu'était Rémi Marcoux pouvait se vanter d'avoir bâti un empire sans déranger personne. Pierre Péladeau ne pouvait pas en dire autant.

CHAPITRE XIX

MADAME PÉLADEAU

La première femme de Pierre Péladeau eut une influence déterminante sur son destin. Non seulement Raymonde Chopin informa-t-elle son futur mari qu'un certain *Journal de Rosemont* était à vendre, mais c'est son père qui lui permit d'acheter sa première imprimerie. Toutefois, l'homme affirma toujours ne pas croire à l'amour, mais seulement à des instants d'amour. Bien qu'il prétendît toujours avoir épousé Raymonde à cause du prêt consenti par son père, si Pierre Péladeau aima une autre femme que sa mère, ce fut sans aucun doute sa première femme. À la fin de sa vie, il regrettait la manière dont il l'avait traitée.

1. Retrouvailles

Romantique, éperdument éprise de son mari, Raymonde Péladeau avait conscience des écarts de son époux, mais elle ne le quitta jamais. Au contraire, c'est plutôt lui qui la quitta en janvier 1974. Comme on l'a vu au précédent chapitre, ils renouèrent quand, à la suite d'un accident de voiture, Pierre Péladeau la rappela et l'invita à passer une fin de semaine à Sainte-Adèle. Si Raymonde demeura dès lors à Sainte-Adèle, ses retrouvailles avec son mari ne furent pas des plus harmonieuses. Tandis qu'elle s'efforçait de mettre un terme à son alcoolisme, à l'instar de son mari, Raymonde Péladeau cherchait plus désespérément que jamais son affection : « Raymonde se torturait l'esprit à propos de Pierre, totalement dépendante de lui. Allait-il se débarrasser d'elle ? Allait-il la reprendre définitivement auprès de lui[67] ? » relate Solange Harvey.

Aux prises avec des maux de tête incessants dus au glaucome, Raymonde Péladeau se faisait prescrire des Valium, qu'elle mélangeait avec l'alcool. Ce mélange délétère était l'exutoire par lequel elle fuyait ses maux de tête, mais surtout, un état dépressif de plus en plus grave. Conscient de la détérioration de l'état psychologique de sa femme, l'homme d'affaires retint les services d'une dame de compagnie, qui veillait sur elle jour et nuit. Malgré la surveillance rapprochée dont elle faisait l'objet, elle fit plusieurs tentatives de suicide, dont sa plus jeune fille, Anne-Marie, fut témoin. Plus que les autres enfants issus du premier mariage de Pierre Péladeau, Anne-Marie resta profondément marquée par ces événements. Sa mère tenta ainsi de s'enlever la vie à de nombreuses reprises, notamment en avalant des quantités importantes de Valium et en se jetant dans la rivière du Nord.

À cette époque, Érik Péladeau étudiait à l'école des Hautes Études commerciales (HEC). Peu à peu, il délaissa ses études pour s'occuper de sa mère, dont l'état se détériorait rapidement : « Ma mère est tombée malade et c'est moi qui, d'une certaine façon, a [sic] eu la responsabilité de s'occuper d'elle alors que j'avais à peu près 19 ans. Quant à mon père, il n'était pratiquement pas là. C'est moi qui s'est [sic] occupé de ma mère et disons qu'à ce moment-là, je n'avais pas trop la tête aux études[68]... »

Devant l'état dépressif de sa femme, qui allait de mal en pis, Pierre Péladeau ne savait plus quoi faire. Son état était à ce point critique que le collège des médecins, qu'il avait consulté à ce propos, ne voyait qu'une solution : faire interner Raymonde à l'hôpital psychiatrique Saint-Jean-de-Dieu. Le magnat de la presse, qui aspirait à mieux pour la mère de ses quatre enfants, explora d'autres avenues à l'extérieur du pays.

2. Un long voyage

Un jour, Pierre Péladeau annonça à sa femme qu'ils partiraient tous les deux pour un voyage en Europe qui pourrait durer jusqu'à six mois. Toujours aussi amoureuse de son mari, c'est avec transport que Raymonde Péladeau fit alors ses valises. À cette époque, Péladeau qui, dans le monde des affaires, était reconnu pour être direct, voire impitoyable, avait peine à affronter lui-même ses problèmes personnels. Aussi, l'improbable voyage qu'il proposait à sa femme n'était autre qu'un subterfuge pour la faire interner. Incapable de lui dire la vérité en face, il envoya son ami intime, le juge Jean-Paul Saint-Louis, chercher la malheureuse pour l'emmener à l'aéroport. C'est donc par la bouche d'un tiers que Raymonde apprit que son séjour en Europe se limiterait aux murs de La Métairie, une célèbre clinique privée de soins psychiatriques située à Nyon, en Suisse.

Séparée de ses enfants et du seul homme qu'elle ait jamais aimé, Raymonde Péladeau était plus seule en Suisse qu'elle ne l'avait été à Sainte-Adèle. Encore et toujours surveillée jour et nuit par une infirmière, ce n'est ni le paysage alpestre ni le luxe qui l'entourait à La Métairie qui la détournèrent de ses tendances suicidaires. Enfermée dans une cage dorée bordant le lac Léman, théâtre des amours impossibles de Saint-Preux et Héloïse, elle décida d'en finir. Elle écrivit une dernière lettre à son fils aîné, Érik, qui l'avait soignée avant son départ. Dans cette lettre[69], ses derniers mots furent pour Pierre Péladeau, de qui elle voulait que son aîné prenne soin.

En octobre 1976, on la retrouva noyée dans son bain après s'être gorgée d'un cocktail de médicaments. Raymonde Péladeau avait 47 ans et son mari, 51 ans. Ce dernier reçut un appel de la clinique lui annonçant la triste nouvelle. Encore une fois avec son ami Jean-Paul Saint-Louis, il partit pour la Suisse afin de rapatrier le corps de sa femme. On inhuma la dépouille dans le lot de la famille Chopin. Pierre Péladeau, qui dissimulait un énorme sentiment de culpabilité, fréquenterait dorénavant plus de femmes que jamais. Son personnage de jouisseur lui permettait de ne pas se retrouver seul avec lui-même.

CHAPITRE XX

LES FEMMES

Grand séducteur, Pierre Péladeau n'en avait pourtant pas les attributs. Il était de petite taille et affichait des traits plutôt irréguliers. En d'autres mots, il était loin d'être un *playboy*, bien qu'il portât des lunettes aux couleurs du magazine du même nom. Sa fortune et son empire grandissant sans cesse, on s'imaginait que ses succès auprès des femmes s'expliquaient par l'argent. Ce n'était pas faux, mais pas complètement vrai non plus, dans la mesure où, justement, il devait son argent à une certaine intuition, une grande capacité de travail et… un charme certain.

En se présentant à l'opéra et à d'autres événements mondains au bras de femmes qui, plus belles les unes que les autres, se succédaient à un rythme effarant, Pierre Péladeau se créait une certaine image; il ajoutait quelques cailloux à sa cathédrale, à la légende personnelle qu'il s'était érigée. Solitaire incapable de souffrir la solitude, Pierre Péladeau pouvait fréquenter plus de dix femmes simultanément, sans s'en attacher aucune. Il craignait l'intimité. En fait, de toute sa vie, Pierre Péladeau ne fut jamais fidèle ni ne sut établir une relation normale. Nombre de ses maîtresses présumées n'étaient en fait que des amies. Vantard, il s'empressait cependant de confirmer les rumeurs les plus folles à son sujet, qu'elles soient fondées ou non.

Pierre Péladeau ne croyait pas à l'amour. Du moins, c'est ce qu'il prétendait. Sa mère, qui ne lui avait jamais témoigné d'affection, était censément la cause de ce profond sentiment d'insécurité qui l'empêchait d'exprimer ses sentiments. Il ne dit jamais à une femme qu'il l'aimait, pas plus qu'il ne le dit à ses enfants de vive voix.

Son insécurité l'amenait aussi à dominer, de peur d'être dominé lui-même. Pour demeurer en position de force, il multipliait les conquêtes : « Partout où il allait, il fallait toujours qu'il soit la clef, le centre de l'attention pour se démontrer qu'il dominait[70] », se rappelle son ancien adjoint, André Bachand.

1. La femme idéale de Pierre Péladeau

Dans une entrevue[71] qui portait sur sa vision des femmes – publiée dans le magazine *Châtelaine* –, Péladeau expliquait sans pudeur ce qui l'attirait chez une femme. Ne croyant pas à l'amour, il affirmait chercher simplement une femme « avec qui [il se] sente bien ». Petit homme de 5 pieds 8, il appréciait les femmes plus grandes que lui, aux longues jambes : « Ça me donne l'impression d'être un p'tit gars, d'être pris par la main », expliquait-il.

Son goût de la provocation l'amena aussi à déclarer, dans le cadre du même article, qu'il avait de toute sa vie rencontré une seule femme qui lui soit supérieure au lit et qu'il lui arrivait de « baiser » ses employées. Tout vantard qu'il fût, le libertin révéla pourtant l'essence de son comportement avec les femmes en avouant candidement, à la même journaliste, avoir toujours recherché sa mère dans ses relations « amoureuses ». Par un certain effet de symétrie, les femmes qu'il fréquenta étaient pour la plupart à la recherche d'un père, figure que le bouillant éditeur incarnait par son esprit de décision et l'autorité qu'il exerçait.

En règle générale, bien que Pierre Péladeau fût attiré par toutes les femmes qu'il rencontrait, ses maîtresses avaient en commun d'être beaucoup plus jeunes que lui et d'avoir vécu une enfance difficile. C'était le cas de l'une d'elles – que nous désignerons par son pseudonyme bien réel, Mimi – qu'il rencontra au milieu des années 1960 alors qu'elle n'avait que 18 ans. À l'époque, l'éditeur était le père de quatre jeunes enfants, qu'il avait eus de Raymonde Chopin, et cette jeune fille était loin d'être sa première liaison extraconjugale. Pierre Péladeau fit de cette Mimi, qui était douée en dessin, une graphiste pour ses magazines. Il lui confia par la suite la direction de plusieurs d'entre eux. De toutes ses conquêtes, elle fut parmi celles qui bénéficièrent de la plus grande longévité.

D'autres femmes, dont l'employée de la première heure de Quebecor, Danielle Fortin, eurent une relation de longue haleine avec Pierre Péladeau, à tel point que plusieurs de ses maîtresses avaient l'impression d'être la personne la plus proche du personnage. Les femmes qui restaient longtemps dans la vie de l'homme d'affaires partageaient cependant une attitude envers lui : elles lui tenaient tête. Fin prédateur, il se donnait alors tout le mal du monde pour ajouter à son tableau de chasse une belle plus coriace que les autres.

2. Les maîtresses

Après la mort de sa première femme, Raymonde, Pierre Péladeau se livra sans retenue à son passe-temps favori : sa collection de conquêtes féminines. Le nombre de femmes qu'il fréquentait en même temps était phénoménal. Six, huit, dix? Personne n'arrivait à le suivre. Ses secrétaires successives, qui géraient son emploi du temps, devaient confronter l'agenda d'affaires qu'elles tenaient avec le « carnet sentimental » de Pierre Péladeau, car l'entrepreneur tenait à gérer lui-même ses multiples rendez-vous galants. En règle générale, ses maîtresses connaissaient l'existence de leurs consœurs. Elles ne s'en plaignaient pas ou, du moins, elles ne restaient pas longtemps avec lui dans le cas contraire. Certaines d'entre elles acceptaient même d'être « prêtées » à des relations du magnat de la presse.

Pierre Péladeau se contentait des belles femmes qui croisaient son chemin. Il allait droit au but, crûment, au risque de choquer... ce qui ne manquait pas d'arriver. Il savait reconnaître la beauté, mais pouvait la trouver dans tous les types de femmes : les rondes, les brunettes, les petites... Sur le nombre, il y en avait plusieurs que ses méthodes n'effrayaient pas. À la moindre incartade, il ne les rappelait plus : « En amour, ni sentimental ni romantique, j'ai toujours eu l'esprit trop pratique pour me faire des illusions et croire que la femme du moment sera différente de toutes les autres[72] », déclarait le principal intéressé.

Marcel Béliveau, créateur de *Surprise sur prise*, fit la connaissance de Pierre Péladeau en novembre 1987 alors qu'il lui tendait un piège dans le cadre de son émission. Les deux hommes restèrent en contact : « Pierre Péladeau n'était pas quelqu'un de normal. Sa seule conversation, la seule chose qui l'intéressait, c'était le sexe », déclare Marcel Béliveau. L'homme d'affaires fréquenta d'ailleurs le restaurant de Béliveau. Chaque fois, ce dernier l'y voyait avec une femme différente. Quand il s'approchait de sa table, Péladeau lui annonçait invariablement qu'il arrivait au mauvais moment, puisqu'il discutait de sexe avec son invitée.

3. Sa deuxième femme

Line Parisien fut la seconde et dernière madame Péladeau. Jeune femme de 24 ans, elle était, en 1979, l'une de ses maîtresses. Elle désirait se marier avec son célèbre partenaire, dont elle s'était sincèrement éprise. Invitée au restaurant le soir de son anniversaire, elle se mit à pleurer lorsque Pierre Péladeau lui offrit un bijou ; elle espérait une demande en mariage. Devant les pleurs de la jeune femme, Péladeau accepta de se jeter à l'eau. Au moment des noces, la nouvelle madame Péladeau avait déjà accouché d'une petite fille, Esther, et attendait un garçon, Simon-Pierre. Le 24 mai 1979, à la même date que son premier mariage, Pierre Péladeau dit « oui » une seconde fois. L'histoire ne dit pas s'il fut de nouveau en retard à la cérémonie. Puisqu'il avait cette fois un hélicoptère à sa disposition, on peut imaginer qu'il fut davantage ponctuel.

À peine sept mois après leur union, en décembre 1979, Pierre Péladeau et sa nouvelle femme se séparèrent une première fois. Les époux renouèrent quelques mois plus tard, pour se séparer à nouveau. À partir de novembre 1983, ils n'habiteraient plus ensemble, Péladeau ayant acheté pour sa femme une copropriété sur la rue Maplewood, à Outremont. Ce déménagement avait davantage à voir avec la faune qui fréquentait la maison de Pierre Péladeau qu'avec une nouvelle séparation. En effet, il hébergeait alors dans sa maison de Sainte-Adèle des alcooliques comme des drogués qui essayaient de s'en sortir, des femmes battues et d'autres laissés-pour-compte.

Pierre Péladeau continua à fréquenter Line Parisien jusqu'au milieu des années 1980, alors qu'elle-même commença à fréquenter un autre homme. L'homme d'affaires, qui multipliait les relations extraconjugales, n'apprécia pas que sa femme en fasse autant. Cependant, c'est Line Parisien qui intenta la première des procédures de divorce.

Pierre Péladeau, qui lui en voulait de le quitter, lui demanda de déménager de l'appartement en copropriété de la rue Maplewood, qu'elle habitait avec ses deux enfants, sous prétexte qu'il voulait y emménager. La cour finit par trancher, dans un jugement provisoire, en faveur de Line Parisien, l'autorisant à vivre dans le logement de la rue Maplewood et condamnant l'éditeur à lui verser une pension alimentaire substantielle. Pierre Péladeau lui donna aussi un emploi chez Quebecor, qu'il tenta par la suite de lui retirer, par vengeance. Finalement, on le verra plus tard, c'est Pierre-Karl Péladeau qui renvoya son ex-belle-mère d'une manière définitive après la mort de son père.

Mal outillée, Line Parisien avait de la difficulté à affronter ce qui s'abattait sur elle. Le fait qu'elle fréquentait un amant ne l'aidait pas et laissa prise aux attaques des avocats représentant son mari. La procédure fut longue et ardue, si bien que le divorce ne fut officialisé que le 17 septembre 1989. Pierre Péladeau vécut par la suite en célibataire comme il l'avait toujours fait ; toutefois, son célibat était dorénavant « officiel ».

4. Manon Blanchette

La dernière compagne de vie de Pierre Péladeau était d'une tout autre envergure. Lorsqu'il la connut, elle approchait la quarantaine et avait déjà derrière elle un parcours professionnel plus que respectable. Conservatrice en chef du Musée d'art contemporain de Montréal, Manon Blanchette éblouissait par une beauté qui frappa tous ceux qui croisèrent son chemin. Elle fut bien davantage qu'une maîtresse parmi d'autres.

Pierre Péladeau disait vouloir faire mieux que son père, Henri Péladeau, qui avait eu sept enfants. Or il en avait déjà six avant de rencontrer Manon Blanchette. Cette dernière donna naissance au benjamin du clan Péladeau le 22 janvier 1991. Ce septième enfant fut prénommé Jean, à l'instar de son oncle. Le magnat de la presse aimait les enfants et avait les moyens de ses ambitions. Si certaines des maîtresses de Pierre Péladeau se firent avorter, ce ne fut jamais à sa demande. Péladeau installa donc Manon Blanchette dans une copropriété, où il la visitait souvent. Pour la première fois de sa vie, l'homme d'affaires prit quelque plaisir à la paternité et essaya de consacrer du temps à son jeune fils.

En octobre 1991, alors que Jean n'avait pas encore un an, Manon Blanchette fut nommée conseillère culturelle à l'ambassade du Canada à Paris. Pierre Péladeau fit plusieurs allers-retours de Montréal à Paris afin de passer du temps avec la mère de son fils. Manon Blanchette revint finalement à Montréal en décembre 1992, pour occuper le poste de directrice des communications du Musée d'art contemporain et se rapprocher de son amant. Bien qu'il fréquentât d'autres femmes, on le voyait la plupart du temps avec Manon Blanchette à son bras.

5. Inspirée par Ivana Trump

En novembre 1993, Manon Blanchette organisa une soirée-bénéfice au Musée d'art contemporain de Montréal, dont l'invitée d'honneur était nulle autre qu'Ivana Trump. Ex-mannequin et athlète olympique, Ivana avait deux ans plus tôt divorcé du magnat américain de l'immobilier, Donald Trump, divorce qui avait donné lieu à une série de procès hautement médiatisés.

Ironiquement, si Manon Blanchette s'inspira des faits d'armes de la célèbre divorcée quelque temps après, Pierre Péladeau ne fut guère impressionné par la croqueuse de diamants. Ainsi, c'est à l'occasion même de cette soirée qu'il confia au journaliste Michel Girouard qu'il était « sur le point d'annoncer [son] mariage avec Manon Blanchette[73] ». Était-ce une boutade, une expérience qu'il tentait ? Pierre Péladeau en eût certes été capable.

Toutefois, l'homme d'affaires ne se maria pas une troisième fois. Dans les semaines qui suivirent la soirée-bénéfice, le couple se sépara pour une énième fois. Cette séparation fut la dernière. N'ayant pas pu s'entendre à l'amiable avec le père de son fils, Manon Blanchette fit finalement une requête en cour le 22 juin 1994 afin d'obtenir une pension alimentaire.

Conformément à son habitude, Pierre Péladeau fit quelques difficultés à son ancienne compagne, ne supportant pas la rupture. Comme il l'avait fait avec Line Parisien, il tenta d'évincer Manon Blanchette de l'appartement de la rue Springrove qu'il avait acheté pour elle. Mieux outillée que la précédente femme de Pierre Péladeau, Manon Blanchette prépara un dossier de plusieurs milliers de pages pour étayer sa demande de pension alimentaire. Femme forte, elle savait qu'elle ne ruinerait pas Pierre Péladeau en exigeant de lui une pension élevée.

Malgré sa requête, qu'elle étaya de centaines de factures dont certaines ne dépassaient pas deux dollars, malgré toutes les mesquineries de part et d'autre, Manon Blanchette conserva une estime certaine pour le père de son fils et ne versa jamais dans l'invective. Avant et pendant les procédures, elle lui écrivit régulièrement. Ses lettres ne faisaient montre d'aucune animosité et elle continuait à appeler Pierre Péladeau par le surnom intime qu'elle lui avait donné : « Baby Blues ».

6. Petit Jean

Consciente que Pierre Péladeau ne verrait peut-être pas son fils grandir, Manon Blanchette l'incita à lui communiquer son goût de la musique et les principes qui avaient balisé son parcours en affaires. Si elle était dure envers son ex-amant, au point de convoquer à la cour, vraisemblablement pour l'embarrasser, ses enfants, son ancienne femme et même plusieurs cadres de Quebecor, elle tenait à ce qu'il fût présent auprès de son fils. Le 27 mai 1996, alors que Jean avait cinq ans, elle l'invita à assister à un spectacle auquel il participerait :

[…] Jean donnera son spectacle annuel à l'école le 30 juin à 9 h 45. Il joue le rôle d'un vieillard et il a mémorisé un petit texte que nous répétons le matin au petit-déjeuner. Si tu ne peux pas être là, ne t'inquiète pas, j'y serai sans faute et d'ailleurs, je ne lui fais aucune allusion à ta possible présence. Comme cela, il ne sera pas déçu[74].

Jean Péladeau, davantage que tous les autres enfants de Pierre, avait pu connaître son père dans sa prime jeunesse. Dernier-né de la famille, comme son père, il vivrait lui aussi la mort de son modèle masculin à un très jeune âge. En effet, il n'avait que six ans quand il perdit son père ; cependant, il pouvait être fier de lui, car malgré tout ce qu'on pouvait lui reprocher, personne n'oserait dire qu'il n'avait pas réussi.

CHAPITRE XXI
LE *PHILADELPHIA JOURNAL*

Avec un inénarrable enthousiasme, voire un « high » maniaco-dépressif, Pierre Péladeau lança un premier quotidien sur le marché américain. Contrairement à tout ce qu'il avait entrepris jusqu'alors, aucune occasion ne justifiait alors le lancement du *Philadelphia Journal.* On se rappellera que c'est respectivement une grève et la disparition d'un concurrent qui marquèrent les débuts du *Journal de Montréal* et du *Journal de Québec.* De plus, le *Philadelphia Journal* ne ferait même pas tourner les presses de Quebecor qui, à l'époque, n'était pas présent sur le marché américain.

La fondation d'un quotidien à Philadelphie ne répondait à aucune logique commerciale, mais uniquement au désir qu'avait Pierre Péladeau de conquérir le marché américain, qu'il préférait au marché canadien. Bien mis, policé, l'homme d'affaires canadien type s'assurait de garder les mains propres, tandis que l'entrepreneur américain, bercé par l'idéal du *self-made-man*, mettait les mains à la pâte, parlait à tous ses employés et pouvait se permettre d'être grossier. Pierre Péladeau préférait transiger avec des Américains, ne serait-ce que dans la mesure où son franc-parler ne les ébranlait pas. Au Canada anglais, toutefois, ses manières dérangeaient.

1. Un faux départ

En 1977, Pierre Péladeau envoya à Philadelphie celui qui avait grandement contribué à établir l'autorité du *Journal de Montréal* en tant que quotidien des sportifs. Éditeur du journal en préparation, le *Philadelphia Journal*, Jacques Beauchamp avait pour mission de rendre profitable le quatrième quotidien dans la métropole, qui deviendrait ainsi la seule ville américaine à en abriter quatre dans ses murs. Bien qu'aucun événement ne justifiât d'anticiper le lancement du *Philadelphia Journal*, qui était prévu pour janvier 1978, Pierre Péladeau, dans un élan d'enthousiasme, demanda à Jacques Beauchamp de le lancer un mois plus tôt : « Il [Pierre Péladeau] avait un tel pouvoir de conviction, que je reléguai aux oubliettes la date du 5 janvier, que j'avais retenue pour le lancement. Et s'il m'avait demandé, après notre conversation, de sortir le journal la nuit même, je crois que je l'aurais fait sans hésiter[75]. »

La première édition du *Philadelphia Journal* arriva donc en kiosque le 5 décembre 1977. Tabloïd de 64 pages, dont 30 pages étaient consacrées aux nouvelles sportives, le *Philadelphia Journal* visait le marché des Afro-Américains que Pierre Péladeau comparait aux francophones du Québec. Initialement tiré à 200 000 exemplaires, le quotidien plafonna à environ 40 000 un mois après son lancement. Le vice-président exécutif de Quebecor, Pierre Gauvreau, confia au *Globe and Mail* que ces résultats décevants étaient attribuables à des problèmes de production et de distribution liés au lancement trop hâtif du quotidien.

Les problèmes de distribution finirent par se régler. Les ventes du nouveau quotidien progressèrent jusqu'à atteindre les 125 000 exemplaires à l'aube de la grève des camionneurs, qui eut pour conséquence d'interrompre sa parution. « On était la quatrième boîte. Il y avait déjà deux “ broadsheet ” et un tabloïd. On est parvenu à dépasser les 100 000 exemplaires, mais contrairement à Montréal, où un tirage de 100 000 permettait d'aller chercher beaucoup d'annonceurs, sur le plan de la publicité, ça n'a pas décollé, là-bas[76]», se rappelle Érik Péladeau qui, après avoir travaillé aux Messageries Dynamiques, fut affecté à la distribution du quotidien américain. Décidé à rentabiliser son premier quotidien américain, Pierre Péladeau aurait sans doute supporté ses pertes financières pendant un certain temps, mais la grève vint accélérer les choses.

2. Les quotidiens anglophones

Pierre Péladeau menaça de fermer le *Philadelphia Journal* et de lancer un nouveau quotidien à Boston. Le syndicat accepta sa dernière offre et, le 25 janvier 1980, le *Philadephia Journal* refit surface dans les kiosques à journaux. Le quotidien se maintenait à présent dans les 100 000 exemplaires, mais les revenus de publicité se faisaient toujours attendre. L'enthousiasme du magnat de la presse ne semblait pas même entamé, puisqu'il annonça le lancement de deux autres quotidiens anglophones.

À Montréal, il voulait lancer un cinquième quotidien, le *Montreal Herald*, qui visait à combler le vide laissé par la fermeture du *Montreal Daily Star*, disparu un an plus tôt, soit le 25 septembre 1979. La date de lancement projetée était le 1er avril 1980, mais faute de papier supplémentaire, que les papetières refusaient d'accorder à Quebecor, et d'annonceurs importants, le projet n'eut pas de suite.

Au New Jersey, en banlieue de New York, Pierre Péladeau prévoyait lancer le *Newark Sun*, un quotidien de format tabloïd qui, à l'instar du *Philadelphia Journal*, aurait été axé sur les sports. L'éditeur assurait que les annonceurs eux-mêmes étaient venus cogner à sa porte et que le papier nécessaire était disponible pour l'impression du nouveau quotidien, qu'il prévoyait lancer le 1er avril, soit en même temps que le *Montreal Herald*.

Aucun de ces deux quotidiens anglophones ne fut finalement lancé. Pendant ce temps, le *Philadelphia Journal* accumulait les pertes. La seule source d'espoir vint des problèmes financiers qu'éprouvait le *Philadelphia Bulletin*, dont la fermeture eût pu favoriser le *Philadelphia Journal* en termes de volume publicitaire. Or le quotidien concurrent ne ferma pas et on estima entre quatre et cinq millions de dollars la perte d'exploitation liée à la publication du *Philadelphia Journal* pour la seule année 1982.

Pierre Péladeau décida donc de faire du *Philadelphia Journal* un quotidien des sports. Il demanda à ses 157 employés de Philadelphie d'accepter une baisse salariale de 12,5 % et 43 mises à pied. À défaut d'obtenir ces concessions, il menaçait de fermer le journal et de quitter la ville. Les syndiqués, qui ne crurent pas aux menaces de Pierre Péladeau, refusèrent sa dernière offre. Le *Philadelphia Journal* fut aussitôt fermé. Le 17 décembre 1981, le jour de la fermeture, le syndicat appela le patron pour négocier, mais le journal était déjà pour lui chose du passé.

Un an plus tard, un autre quotidien ferma ses portes à Philadelphie. Le *Philadelphia Bulletin*, dont les ventes quotidiennes dépassaient les 400 000 exemplaires, s'éteignit le 29 janvier 1982. Ce quotidien avait déjà eu le plus fort tirage de tous les États-Unis ; sa fermeture mettait fin aux beaux jours qu'avait connus le secteur de l'imprimé dans les années 1970.

QUATRIÈME PARTIE

LE GOÛT DU POUVOIR

CHAPITRE XXII

DONOHUE

La société de Pierre Péladeau connut une période d'aridité au début des années 1980. Jusqu'à l'acquisition de Donohue en 1987, la société publique piétina. Quebecor avait consolidé son secteur musique, fait une entrée discrète dans le milieu du livre et, en 1983, avait acheté un quotidien qui resterait longtemps déficitaire, *The Winnipeg Sun*. Avec la seule acquisition de Donohue, Quebecor marqua cependant un pas important dans son expansion en tant que société multinationale.

Avant d'acheter une papetière en 1987, le groupe de Péladeau possédait déjà ses imprimeries et son réseau de distribution. Pour franchir un pas de plus dans la course à l'intégration verticale qu'avait entamée l'éditeur de journaux 30 ans plus tôt en fondant Imprimerie Hebdo, il fallait alors que Quebecor se porte acquéreur d'une papetière. Dès le début des années 1980, Pierre Péladeau avait déclaré dans une entrevue[77] avec Simon Durivage que Quebecor serait certainement dans l'industrie des pâtes et papier dans l'avenir.

En 1972 et 1973, Quebecor n'avait pas été en mesure d'alimenter la croissance du tirage de ses publications en plein essor. Durant cette période, les clients américains et britanniques des papetières canadiennes avaient acheté un volume de papier accru tandis que les éditeurs québécois, Quebecor en tête, n'arrivaient plus à se procurer la précieuse matière première pour augmenter leur tirage. Quebecor était d'autant plus touché que l'entreprise agissait aussi en tant qu'imprimeur et devait alimenter ses presses pour l'impression non seulement de ses journaux, mais aussi des publications de ses clients.

Il fallut attendre 1985 pour que les intentions de Pierre Péladeau se concrétisent. Après l'élection de Robert Bourassa, le gouvernement libéral souhaita se départir de sa participation majoritaire (56 %) dans Donohue, qu'il détenait par l'entremise de la Société générale de financement. Une des conditions de la vente était que Donohue reste sous le contrôle d'intérêts québécois.

Quebecor n'était pas alors le poids lourd qu'on connut par la suite. Avec un chiffre d'affaires de 500 millions de dollars au moment de la transaction, la société était à peine plus imposante que la papetière dont elle voulait faire l'acquisition. En effet, le chiffre d'affaires de cette dernière s'élevait alors à 360 millions de dollars par année. L'acquisition se révélait difficilement réalisable sur le plan financier. Quebecor sortit de l'impasse lorsque Charles-Albert Poissant, principal artisan de l'acquisition et futur P.-D.G. de Donohue, apprit qu'un dénommé Robert Maxwell était intéressé à investir dans une papetière.

1. Robert Maxwell

Né sous le nom de Ján Ludvik Hoch en Slovaquie, Robert Maxwell fuit en Angleterre sous l'occupation nazie. Le reste de sa famille fut exterminée par les nazis. Après sa naturalisation britannique, il changea de nom. Successivement soldat dans l'armée britannique et député travailliste, c'est toutefois dans l'édition scientifique que Robert Maxwell fit fortune.

S'il devint un important propriétaire de journaux et d'imprimeries, c'est davantage par goût que par souci de rentabilité. À l'instar de Conrad Black, le magnat de la presse britannique voulait influencer l'opinion publique. Il signait d'ailleurs un éditorial dans le quotidien de gauche à grand tirage qu'il s'était payé, le *Daily Mirror.*

2. La lutte des titans

C'est André Bisson qui informa Charles-Albert Poissant que Maxwell souhaitait investir dans une papetière. Bisson était alors directeur général de la banque Scotia au Québec. Le banquier, qui allait par la suite devenir le représentant de Maxwell au Canada, avait lui-même obtenu cette information d'un collègue de la Scotia à Londres.

Poissant en glissa un mot à Péladeau, qui se montra rétif à une telle association. Il rencontra pourtant André Bisson à plusieurs reprises pour parler d'une hypothétique transaction. Les préliminaires s'éternisaient. Après un certain temps, Charles-Albert Poissant proposa à son patron d'entrer lui-même en communication avec Robert Maxwell. Le 21 janvier 1987, Poissant et Bisson parlèrent au téléphone avec Robert Maxwell. L'association entre Péladeau et Maxwell prenait forme.

Charles-Albert Poissant, qui devint le négociateur principal de Quebecor pour cette transaction, expliqua les modalités de l'acquisition dans le livre qu'il consacra à Donohue. On incorpora la société Mircor pour prendre le contrôle de Donohue. Les actions de la nouvelle société furent réparties comme suit : 51 % pour Quebecor et 49 % pour l'entreprise de Robert Maxwell. Nécessaire à cause de la condition établie par le gouvernement, le contrôle que s'arrogeait Quebecor s'inscrivait aussi dans sa philosophie d'affaires. Le proche conseiller de Pierre Péladeau évoqua les frictions qu'il y eut durant la négociation : « Ce fut l'occasion [le contrôle auquel tenait Quebecor] du premier frottement avec le partenaire, d'autant plus qu'il nous demandait de garantir son investissement de 156,8 millions auprès de sa banque[78]. »

Après un premier contact téléphonique direct avec Pierre Péladeau, Robert Maxwell lui donna rendez-vous au Ritz-Carlton de Montréal, dès le lendemain matin. Péladeau interpréta facilement la précipitation de Robert Maxwell à conclure un marché avec Quebecor : son futur associé étant en pleine pénurie de papier, son propre pouvoir de négociation en était d'autant accru.

Le colosse de deux mètres, qu'on surnommait « Captain », aimait tout faire en grand et, pour recevoir son homologue québécois, c'est presque un étage entier du prestigieux hôtel qu'il avait loué. Direct, Pierre Péladeau fit aussitôt sa proposition à Robert Maxwell : 51 % pour Quebecor, 49 % pour Maxwell Communications. Après trois heures et demie de négociations infructueuses entre les deux magnats, Péladeau se leva. Il se dirigea vers la sortie, arguant qu'il n'avait pas de temps à perdre. Finalement, Robert Maxwell le rattrapa et accepta l'offre initiale de l'homme d'affaires québécois.

3. De l'arbre au journal

Si Pierre Péladeau était devenu imprimeur, c'était d'abord pour « garder le contrôle sur le produit final », comme il se plaisait à le répéter. En d'autres mots, il voulait avoir toute la latitude possible pour lancer et éditer ses publications. Au cours de sa carrière d'éditeur, les contrats d'approvisionnement de papier l'empêchèrent souvent d'augmenter le tirage d'une publication qui avait du succès ou encore retardèrent le lancement de nouveaux produits. Les activités d'impression, de fabrication de papier et de distribution, dans une moindre mesure, dépassaient, et de loin, celles d'édition. Avec l'acquisition de Donohue, les moyens qui furent instaurés dans le but de faciliter les activités d'édition de Quebecor devinrent le cœur même de la société.

L'acquisition de Donohue conjointement avec Robert Maxwell donna à Quebecor une crédibilité qu'il n'avait pas encore sur le plan international. S'il n'était pas logique qu'un éditeur local devienne un imprimeur international, un fournisseur de papier de calibre mondial pouvait entretenir cette ambition. À cette époque, l'intégration verticale de la société faisait dire à ses dirigeants – selon l'ancien président de Quebecor, Jacques Girard – que Quebecor était présent « de l'arbre au journal ». Le prestigieux magazine financier *Forbes* qualifia d'ailleurs Quebecor d'« une des entreprises médiatiques les mieux intégrées du monde[79] ».

À partir de cette époque, les banques délièrent leur bourse et les acquisitions dans le domaine de l'imprimerie se succédèrent à un rythme frénétique. Un vieil hélicoptère, qui servait notamment au personnel de Donohue à visiter les scieries appartenant à l'entreprise, faisait partie du lot. Pierre Péladeau, qui s'était jusqu'alors fait conduire en Rolls-Royce, le serait dorénavant par voie aérienne. Le grand patron se rendait au bureau dans l'hélicoptère qui symbolisait le changement de rythme chez Quebecor, une entreprise qui jouait dorénavant dans la cour des géants de l'imprimerie mondiale.

CHAPITRE XXIII

LE PREMIER IMPRIMEUR DU MONDE

Ce n'est qu'après la mort de Pierre Péladeau que Quebecor devint le premier imprimeur commercial du monde, avec l'acquisition de la World Color Press en 1999. Néanmoins, après avoir acheté la papetière Donohue, Péladeau se lança rapidement dans une série de nouvelles conquêtes du côté de l'imprimerie. Les conditions s'y prêtaient et, en affaires, il était d'abord opportuniste. Le hasard fit qu'il devint éditeur plutôt qu'imprésario et le hasard fit aussi que sa société devint une géante de l'imprimerie sur le plan international.

À une question d'un journaliste du *Canadian Business*[80] qui lui demandait ce qu'il aurait aimé faire autrement, Pierre Péladeau répondit par écrit qu'il aurait aimé avoir « d'autres quotidiens aux États-Unis ». En effet, après que le *Philadelphia Journal* – qui, depuis quatre ans, grugeait les profits de Quebecor – fut fermé, l'expansion de la société passait dorénavant par le développement du secteur imprimerie. Souvent, lorsque Pierre Péladeau n'arrivait pas à acheter des journaux, il achetait des presses. L'imprimerie était pour lui un pis-aller.

À la fin de sa vie, Pierre Péladeau appelait chaque jour l'éditeur du *Journal de Montréal* tout en visitant sur une base régulière les bureaux de ses magazines à potins. Pourtant, l'édition de journaux et de magazines représentait à l'époque, et encore aujourd'hui, moins de 10 % du chiffre d'affaires de Quebecor. Quant à Imprimerie Quebecor, qui prendrait le nom de Quebecor World après sa mort, il laissait son fils Pierre-Karl et ses principaux généraux s'en occuper. Il était fier que son entreprise soit présente sur trois continents, mais eût préféré que ce soit pour y publier des journaux comme Rupert Murdoch. Or Quebecor se contentait de les imprimer.

1. Les débuts d'une multinationale

Lors de l'acquisition de Donohue, Quebecor était un imprimeur local, très présent au Québec, mais encore à ses balbutiements sur les marchés américain et canadien. L'imprimerie Montréal-Magog desservait déjà certains clients américains et ontariens dans les années 1970, tandis que l'acquisition récente de Pendell Printing dans le Michigan constituait, en 1985, un premier pied-à-terre aux États-Unis.

En 1988, l'acquisition de Ronald's Printing, la division imprimerie de BCE (Bell Canada Entreprises), fut à la base de l'expansion fulgurante de Quebecor dans le domaine de l'imprimerie. En plus de devenir un joueur majeur sur la scène canadienne, Pierre Péladeau récoltait l'ancien P.-D.G. de Ronald's Printing, Charles Cavell, qui présiderait par la suite Imprimerie Quebecor.

Plus qu'un président, Charles Cavell fut le véritable architecte de ce que devint Quebecor World. Il atterrit dans le giron de Quebecor à une époque où sa division imprimerie était d'abord et avant tout canadienne. L'ambitieux ami de Brian Mulroney avait une vision globale du marché de l'imprimerie qui faisait défaut à Pierre Péladeau. Unilingue anglophone, Charles Cavell déménagea à Montréal et apprit le français rapidement. Toujours près de la base, des presses et des pressiers, Charles Cavell avait tout pour s'entendre avec Pierre Péladeau, qui lui donna une marge de manœuvre inédite pour développer ses imprimeries.

L'ascension de Quebecor sur le marché de l'imprimerie fut fulgurante. Alors que les marges bénéficiaires des imprimeurs s'effritaient et que les quotidiens se débarrassaient de leurs presses, Charles Cavell comprit qu'il pouvait mettre la main sur des usines pour un prix inférieur à leur valeur réelle. De concert avec Pierre-Karl Péladeau, qu'on disait être un négociateur redoutable, il racheta une quantité d'imprimeries à la santé financière incertaine. L'expansion rapide des imprimeries de Quebecor fut ainsi indissociable du phénomène d'essoufflement de ce marché. RR Donnelley, actuel numéro un mondial dans le secteur, qui fut à la remorque de Quebecor World à une certaine époque, commença ses activités au dix-neuvième siècle pour en arriver là. Si l'imprimerie avait été le secteur de l'avenir, la jeune société qu'était Quebecor World n'en serait sans doute jamais devenue un chef de file.

2. Maxwell

Bien que Quebecor eût entre-temps mis la main sur une série d'imprimeries hors Québec, l'acquisition des ateliers Maxwell Graphics en 1990 fit de la société de Péladeau un imprimeur majeur aux États-Unis. Aux prises avec de sérieuses difficultés financières, Robert Maxwell n'arrivait même plus à s'acquitter des dettes qu'il avait accumulées auprès du fournisseur de papier – Donohue – dont il était le copropriétaire.

Dès le 30 octobre 1989, Quebecor annonça l'achat de Maxwell Graphics pour 510 millions de dollars en argent comptant. Robert Maxwell en avait grandement besoin, mais ce n'est que quatre mois plus tard, en 1990, que la transaction fut scellée. La contribution de la Caisse de dépôt et placement du Québec, qui permettrait plus tard à Quebecor de mettre la main sur Vidéotron, s'élevait à 115 millions de dollars. À l'issue de négociations multilatérales avec les grandes banques, Pierre-Karl Péladeau, dont c'était la première grande victoire, réunissait le reste du demi-milliard nécessaire.

En 1991, un an après l'acquisition de Maxwell Graphics par Quebecor et quatre ans après celle de Donohue, on retrouva la dépouille de Robert Maxwell au large des îles Canaries, noyé à proximité de son luxueux yacht. Les circonstances troubles de sa mort laissèrent courir plusieurs hypothèses. On prétendit qu'il s'était suicidé, préférant mourir que de faire face à la déchéance qui aurait suivi l'effondrement de Pergamon, véritable coquille vide gonflée par l'habileté qu'avait Maxwell à convaincre les banquiers de sa solvabilité. Les journalistes Gordon Thomas et Martin Dillon étayèrent dans un livre[81] une théorie controversée selon laquelle l'homme d'affaires aurait été un agent du Mossad, le service secret de l'État d'Israël. Toujours selon cette théorie, Robert Maxwell aurait été assassiné par le Mossad après avoir menacé l'organisation de révéler certains de ses secrets.

Étonnamment, Quebecor ne perdit rien lors du scandale financier entourant la mort de son partenaire financier. Si banquiers et investisseurs y laissèrent leur chemise, Pierre Péladeau ne retira que des gains de son association avec Robert Maxwell. À sa mort, Quebecor racheta sa participation dans Donohue à un prix fort compétitif. Feu Robert Maxwell, quant à lui, avait perdu son investissement dans le *Montreal Daily News*, un quotidien anglophone lancé par Quebecor. Pierre Péladeau ne s'était pas fait rouler par cet « Anglais » qui avait mystifié les plus grands de ce monde...

3. World

Un an après l'acquisition des ateliers Maxwell Graphics, en 1992, Imprimeries Quebecor, filiale à part entière de Quebecor au même titre que Donohue, faisait son entrée en Bourse. Rapidement, la nouvelle société publique prit de l'expansion en Amérique du Nord, mais aussi en France, où Érik, puis Pierre-Karl firent de nombreuses acquisitions dans les années 1990, mettant la main coup sur coup sur Fécomme, puis sur Jean Didier qui, premier imprimeur français, fut sauvé de la faillite par Quebecor. C'est d'ailleurs en grande partie grâce à ce sauvetage que Pierre Péladeau reçut, à titre posthume, le prestigieux titre français de chevalier de l'Ordre de la Légion d'honneur.

Lors de l'acquisition de l'américaine World Color Press en 1999, Imprimeries Quebecor était non seulement le premier imprimeur européen et le chef de file en Amérique du Nord, mais faisait également sentir sa présence sur les marchés indien et sud-américain. La transaction entre Imprimeries Quebecor et World Color Press allait devenir la plus importante de l'histoire de l'imprimerie, pour un montant total de 2,7 milliards de dollars, dont la plus grande partie fut transigée en actions. Après cette opération financière sans précédent, Imprimerie Quebecor changea de nom pour illustrer l'absorption de son concurrent et, du même coup, sa nouvelle réalité : le premier imprimeur du monde prit le nom de Quebecor World.

CHAPITRE XXIV

LES DERNIERS LANCEMENTS

Au même titre que son fondateur, la société Quebecor vieillissait, mais surtout, se transformait. En 1988, Pierre Péladeau, qui était alors au milieu de la soixantaine, procédait à ses deux derniers lancements d'importance dans le monde de l'édition. Quebecor ayant atteint la maturité, c'est par acquisitions que la société assurait dorénavant son expansion. Cette année-là, un quotidien d'expression anglaise et un réseau d'hebdomadaires de quartier furent lancés sur l'île de Montréal.

1. *Montreal Daily News*

Le *Montreal Daily News* fit son apparition dans les kiosques à journaux montréalais le 12 mars 1988. À l'instar de tous les quotidiens lancés par Pierre Péladeau, le *Daily News* était un tabloïd du matin dont la force résidait dans sa couverture des sports. Le quotidien ciblait un lectorat composé des communautés ethniques pour qui l'anglais était une seconde langue. Avec une décennie de décalage, le quotidien incarnait le rêve qu'avait fait Pierre Péladeau de remplacer le défunt *Montreal Star.*

En effet, en 1979, au moment où l'homme d'affaires se débattait avec le *Philadelphia Journal*, le *Montreal Star*, qui avait longtemps dominé le marché montréalais des quotidiens – toutes langues confondues – par son fort tirage, rendait l'âme après huit longs mois de grève. Pierre Péladeau avait alors évoqué la possibilité de lancer le *Montreal Herald* pour profiter de sa disparition. Une telle stratégie eût pu se révéler profitable ; il l'avait employée le lendemain de la disparition de *L'Événement Journal* en lançant le *Journal de Québec.* Une décennie après la fermeture du quotidien anglophone, le lectorat du *Montreal Star* n'était plus : il s'était habitué au style de *The Gazette*, avait renoncé à la lecture d'un quotidien ou s'était tourné vers un journal hors Québec.

Pierre Péladeau ne pouvait pas compter sur des circonstances favorables pour le lancement de son nouveau quotidien ; toutefois, il avait acquis une certaine expérience des quotidiens anglophones, atout qu'il n'avait pas lors du lancement du *Philadelphia Journal.* En effet, Pierre Péladeau avait entre-temps mis la main sur le *Winnipeg Sun* en 1983, alors que le quotidien était acculé à la faillite. Amorcée par deux associés en 1980 pour combler le vide laissé par le *Winnipeg Tribune*, l'aventure s'était révélée un échec financier, que Quebecor ne rendrait profitable qu'après de nombreuses années de déficit. Ensuite, en 1987, Quebecor avait mis la main sur le quotidien de langue anglaise aussi mythique que modeste, *The Record* de Sherbrooke. Mythique parce que, racheté 18 000 $ en 1968 par Conrad Black et ses associés, le quotidien fut le tremplin qui amènerait Black à la tête de Hollinger International, un empire de presse qui s'étendrait de Toronto à Londres, en passant par Chicago.

En plus de son expertise interne, Quebecor pouvait compter sur la participation d'un des plus importants éditeurs de quotidiens en Grande-Bretagne. En effet, Robert Maxwell, qui se suiciderait trois ans plus tard, en 1991, publiait alors le *Daily Mirror*, un tabloïd londonien à grand tirage. Il s'était engagé à hauteur de 25 % dans le nouveau quotidien, dont le tirage devait atteindre rapidement la cible des 50 000 exemplaires. Non seulement le quotidien anglophone n'atteignit jamais cet objectif en 21 mois de publication, mais son tirage se maintint tout au long de l'expérience dans les 10 000 exemplaires, ayant atteint un sommet de 17 000 exemplaires qu'il ne sut même pas maintenir.

Comme il le fit pour le *Journal de Montréal*, Pierre Péladeau préféra commencer petit, sans faire de publicité, et accroître peu à peu son tirage. Le *Montreal Daily News* avait cela de différent que Pierre Péladeau lui-même n'y avait pas installé ses pénates et que les employés du quotidien critiquaient les méthodes du grand patron. Démoralisés par le faible tirage et les rumeurs de fermeture qui s'abattirent sur le quotidien dès ses débuts, les employés ne rivalisaient pas d'initiatives. Le produit, qui aurait dû s'améliorer de jour en jour en s'adaptant à son marché, garda au fil des mois cet aspect brouillon qui caractérise les nouvelles publications.

Le tirage du nouveau quotidien étant en stagnation, Pierre Péladeau congédia son éditeur, James Duff, ce qui ne fit rien pour améliorer le lien de confiance entre la direction de Quebecor et les employés du *Daily News*. Après que Quebecor eut tenté de le relancer, puis de le vendre, sans succès, le *Montreal Daily News* publia sa dernière édition le 15 décembre 1989.

2. *Super-Hebdo*

Après s'être départi de ses premiers journaux de quartier au milieu des années 1950, Pierre Péladeau attendit les années 1970 pour revenir à ses premières amours et acheter des hebdomadaires régionaux. Déjà à cette époque, le marché montréalais des journaux de quartier s'était professionnalisé ; il n'y régnait plus l'anarchie qui avait permis à l'homme d'affaires de contrôler les hebdomadaires de quartier sur la moitié de l'île de Montréal, et ce, en à peine quelques années.

En 1988, lorsque Pierre Péladeau s'associa à Gaston l'Italien pour lancer *Super-Hebdo*, Quebecor ne possédait pas un seul hebdomadaire sur l'île de Montréal. Deux groupes se partageaient le marché : Télémédia, avec 14 journaux, et Cogeco, avec les 10 autres. Pierre Péladeau, qui avait le désir d'accroître sa présence sur ce marché, ne resta pas insensible devant la présentation de son vice-président aux hebdomadaires, Gaston l'Italien. Ce dernier, qui avait lancé avec succès des magazines chez Quebecor, voulait lancer un réseau d'hebdomadaires sur l'île de Montréal : *Super-Hebdo*. Propriétaire de 25 % des actions du nouvel hebdomadaire, Gaston l'Italien en serait l'éditeur.

À mi-chemin entre le journal de quartier et l'hebdomadaire grand public, *Super-Hebdo* pouvait compter sur des chroniqueurs vedettes tels que Claude Charron, tout en ayant à son service des journalistes pour les différentes éditions de quartier. Distribué gratuitement à 800 000 foyers chaque dimanche, *Super-Hebdo* concurrençait directement les journaux de quartier de l'île de Montréal.

L'avantage concurrentiel de la publication résidait dans la possibilité d'engager des chroniqueurs de renom, mais surtout dans sa plateforme publicitaire, qui permettait à un annonceur d'acheter de l'espace pour un seul quartier ou pour l'ensemble de l'île de Montréal. Pour contrer cet avantage, Cogeco et Télémédia conclurent d'ailleurs rapidement une entente de publicité visant à offrir les mêmes services à leurs clients.

Super-Hebdo fit mal à la concurrence, mais la publicité nationale, qui devait faire la force du réseau, n'était pas au rendez-vous. Le déficit se creusa et, encore une fois, les différends entre Quebecor et l'éditeur de sa nouvelle publication engendrèrent un climat peu propice à l'amélioration. Gaston l'Italien, qui affirma avoir offert à Quebecor de racheter sa participation de 75 %, quitta l'hebdomadaire un an après l'avoir fondé.

« Mon patron m'a donné une directive bien claire et bien précise : on a peut-être fermé le *Montreal Daily News*, mais on n'a pas l'intention de fermer le *Super-Hebdo*[82] », déclarait à *La Presse* André Gourd, alors premier vice-président aux opérations de Quebecor. Ainsi, pour ne pas perdre la face avec un second échec retentissant, la société se contenta de réduire les coûts en concentrant la publication de *Super-Hebdo* sur l'Est de Montréal et en réduisant au minimum le nombre de journalistes. Ainsi, deux ans après sa fondation, *Super-Hebdo* ne tirait plus qu'à 280 000 exemplaires par semaine.

Quebecor maintint donc artificiellement en vie une publication déficitaire durant près d'une décennie. En 1996, *Super-Hebdo* ne tirait plus qu'à 130 000 exemplaires. Transcontinental qui, entre-temps, avait fait l'acquisition des hebdomadaires du câblodistributeur Cogeco, régnait en roi et maître sur les hebdos de l'Est montréalais. Seule une épine persistait à son pied : l'hebdomadaire *Super-Hebdo*. Transcontinental accepta d'acheter le journal dans le seul but de fermer ce concurrent qui, même déficitaire, nuisait à ses propres journaux.

3. Quand tout ne tourne pas rond

La fin des années 1980 et le début des années 1990 ne furent pas de bonnes années pour Quebecor. Les acquisitions, qui étaient déjà à l'époque à ce point régulières qu'elles faisaient partie du quotidien, allaient rondement, mais ce n'était pas le cas des initiatives de l'entreprise. Quebecor s'était démarqué par ses innovations, mais à présent il achetait plus qu'il n'innovait. L'entreprise n'obtenant pas les résultats escomptés, les têtes dirigeantes tombaient au rythme des saisons. La situation était telle que, parmi la haute direction, on utilisait des codes pour évoquer le départ imminent de certains cadres : PPA (Passera pas l'automne), PPH (Passera pas l'hiver) et PPP (Passera pas le printemps).

En 1991, Pierre Péladeau montra la porte à André Gourd, le président de Groupe Quebecor et son bras droit durant plus d'une décennie. Le numéro deux de Quebecor, qui était de toutes les décisions, n'eut pas droit à une rencontre ni même à un coup de téléphone. Une lettre seulement lui signifia son congé : « Mettez tous vos dossiers à la disposition de Pierre-Karl Péladeau et ne dites pas un mot de la stratégie de l'entreprise[83]. »

Tous ses proches collaborateurs le savaient, Pierre Péladeau était incapable de congédier qui que ce soit en personne : « Pierre a jamais pu vraiment congédier quelqu'un, confirme Guy Fournier. Il demandait à un cadre de mettre dehors untel. Si la personne avait la bonne intelligence d'aller voir Pierre en personne, il le réengageait en disant " je comprends pas pourquoi untel t'a mis dehors " alors que la mise à pied venait de lui[84]. » Dans le cas des vice-présidents et autres cadres qui ne relevaient que de lui, il avait généralement recours aux lettres ou, pire encore, aux mémos qu'il distribuait à ses employés en guise d'ordre ou de requête.

Chez Quebecor, les cadres n'avaient aucun contrat de travail ; ils étaient bien payés, mais ne pouvaient pas compter sur de généreuses indemnités de départ, une pratique courante dans les sociétés de la taille de Quebecor. Souvent, les cadres n'avaient pas de titres ; si l'un d'eux demandait à Pierre Péladeau quel était le sien, il répondait : « Que veux-tu qu'on écrive sur ta carte d'affaires [sic] ? » Les titres importaient peu au numéro un de Quebecor et, s'il les accordait avec facilité, ils n'étaient pas gages de longévité.

Pierre Péladeau s'était sensiblement assagi avec les années. Il n'en demandait pas moins aux dirigeants des différentes entités chapeautées par Quebecor d'être des surhommes, d'accomplir des miracles chaque mois de l'année. La compilation des états financiers se faisait sur une base mensuelle et chacune des divisions devait ainsi prouver chaque mois qu'elle était un « centre de profits ». La moindre erreur, le moindre contrat perdu pouvait être fatal aux dirigeants. En l'absence des « nécessaires profits », comme le disait si bien Pierre Péladeau, il remplaçait le dirigeant ou se débarrassait de la filiale. Il fallait agir. Il fallait amputer le membre gangreneux et le grand patron s'arrangeait pour que l'opération ait lieu, au risque de se faire des ennemis.

CHAPITRE XXV

LE MAL-AIMÉ

À la fin des années 1980, Pierre Péladeau commença à recevoir des honneurs, à être considéré à juste titre comme un grand entrepreneur québécois. Le mépris qu'on lui adressa longtemps à cause de ses publications populistes avait disparu. On critiquait la presse *people*, mais on louait son fondateur, qu'on considérait comme un brillant homme d'affaires qui avait su rentabiliser ce créneau. Depuis qu'il avait fait ériger un gratte-ciel au 612 de la rue Saint-Jacques, en 1988, Pierre Péladeau avait dorénavant sa place auprès des grands financiers, auprès de l'establishment. De son bureau, au treizième étage du siège social de Quebecor, il avait vue sur l'édifice de Power Corporation de Paul Desmarais et sur ceux des grandes banques.

Longtemps méprisé à cause du créneau dans lequel il fit d'abord fortune – les journaux jaunes –, Pierre Péladeau commença à inspirer le respect, sinon la crainte, dans les années 1970. Dès lors, les pages financières des quotidiens lui furent ouvertes et rares étaient les acteurs du milieu de l'édition québécoise à exprimer publiquement du mépris pour le grand patron de Quebecor. Quelques années avant sa mort, les universités comme les gouvernements commencèrent à reconnaître la contribution de Pierre Péladeau.

1. Le confort, mais jamais le « paraître »

Pierre Péladeau ayant hissé Quebecor au rang des entreprises milliardaires, il eût pu adopter un mode de vie extravagant, multiplier les propriétés ou encore se faire construire un château. Pourtant, il avait érigé sa fortune par pur défi et il fut toujours raisonnable dans ses dépenses, quand il ne versait pas purement et simplement dans la pingrerie. Le plus souvent affublé d'un t-shirt aux couleurs du *Journal de Montréal* dans sa vie privée, il était connu à l'épicerie Sainte-Adèle pour son insistance à négocier le prix de ses menus achats.

Son domaine de Sainte-Adèle, où la version québécoise de *Star Académie* fut enregistrée après sa mort, n'avait rien d'un château. Les meubles de jardin y étaient en plastique et la maison elle-même constituée des matériaux les plus communs. Outre sa vastitude, ce « domaine », de l'intérieur, avait toutes les apparences d'une maison de petit bourgeois. Transféré en 2005 de la Fondation Péladeau inc. à Érik et Pierre-Karl Péladeau pour 850 000 $[85], le « domaine de Sainte-Adèle » avait une valeur qui ne reflétait en rien la fortune de celui qui en avait fait son domicile principal : Pierre Péladeau se souciait de son confort, mais jamais de ce que ses invités allaient en penser.

Pierre Péladeau, qui détestait parler de voitures, eut plusieurs bolides luxueux tout au long de sa vie ; ceux-ci ne firent cependant jamais l'objet d'une collection. À la fin de sa vie, le germanophile qu'il était possédait une Mercedes et une BMW ; le financier qu'il était, une incontournable Rolls-Royce. Du reste, il ne les utilisait qu'en de rares occasions, puisqu'il se déplaçait surtout par voie aérienne. Sur une base quotidienne, pour faire la navette entre le 612 de la rue Saint-Jacques et sa maison de Sainte-

Adèle, il avait recours à son hélicoptère. Pour assurer ses déplacements de plus longue haleine, il avait son propre jet privé, qu'il avait acheté de Bombardier.

Au-delà du confort que lui apportait la richesse, non seulement Pierre Péladeau ne témoignait d'aucun intérêt à en faire étalage, mais toute manifestation d'ostentation lui répugnait. Aussi se plaisait-il à interpréter le rôle du mauvais garçon dans les nombreuses soirées mondaines auxquelles il assistait. Grossier, il pouvait demander à une dame, devant tout le monde, si elle avait eu des relations sexuelles avant le mariage, comme le rapporte son ancien adjoint André Bachand. À d'autres, il demandait directement si elles n'avaient pas envie de coucher avec lui. À l'occasion d'une réception, où était invité entre autres René Lévesque, Pierre Péladeau aurait même assené, très fort, à la femme du premier ministre : « Eh, que t'as un beau cul, Corinne[86] ! » Le pianiste Pierre Jasmin, qui a été témoin de pareilles manifestations, explique le comportement de son ami : « S'il rencontrait une femme dans une soirée, il pouvait lui poser plein de questions personnelles. Ce n'était pas une vulgarité de sa part, mais c'était une façon de rejeter les conventions mondaines[87]. »

Homme de contradictions, Pierre Péladeau avait un comportement entre deux eaux : une sorte de plaidoyer pour la simplicité en même temps qu'une plate grossièreté. Pour Pierre Jasmin, cependant, il s'agissait d'une attitude purement philosophique : « C'est quelqu'un qui est juste intéressé à savoir qu'est-ce qui est vrai de toi. C'est quelqu'un qui déteste le “ small talk ”, c'est quelqu'un qui n'enjolive pas. Il essaie de déterminer qui tu es, t'as l'énergie de quoi et tu t'en vas où. Quitte à brasser son monde ; quitte à se moquer. [...] C'est perçu comme brusque par les gens pour qui le vernis mondain est plus important que la vérité[88]. »

Quoi qu'il en soit, les mauvaises manières de Pierre Péladeau servirent de prétexte à tous ceux qui, au sein de l'élite politico-financière, voyaient d'un mauvais œil l'ascension de ce nationaliste québécois, de surcroît non conformiste. Plusieurs trouvaient dans l'apparente grossièreté du personnage une raison présentable de mépriser l'homme d'affaires, sur qui on levait le nez parce qu'il n'était qu'un parvenu, qu'un séparatiste ou, simplement, qu'un gagnant. Du reste, Pierre Péladeau ne fit jamais languir ceux qui cherchaient des prétextes pour le détester. Il avait même un talent certain pour leur en fournir plus que nécessaire.

2. L'affaire de *L'actualité*

Un article paru dans le magazine *L'actualité* en avril 1990 réveilla le mépris, voire la rancune qu'on entretenait face au géant des médias québécois. Le journaliste Jean Blouin, mandaté par son rédacteur en chef, Jean Paré, pour dresser un portrait sans complaisance du personnage, en donna plus que le client en demandait. Dans son portrait de l'homme d'affaires, Jean Blouin mit l'accent sur les ratés financiers de Quebecor, les échecs du *Daily News* et de *Super-Hebdo*, le taux de roulement élevé des cadres et le caractère bouillant de Pierre Péladeau. Du vernis antisémite qui recouvrait parfois les propos du fondateur de Quebecor, Jean Blouin alla jusqu'à former une phrase assassine que Pierre Péladeau n'avait pas prononcée : « Il admire chez Hitler la volonté de fer et la discipline[89]. »

Les réactions à cet article furent retentissantes. Le Congrès juif canadien, la Fédération professionnelle des journalistes du Québec (FPJQ) et la Ligue des droits et libertés du Québec condamnèrent rapidement les propos de Pierre Péladeau. Bien que *L'actualité* et son journaliste Jean Blouin se fussent rétractés une semaine après la parution de l'article dévastateur, le mal était fait. Journalistes et commentateurs avaient vu dans cette phrase inadmissible un feu vert qui leur permettait de dénoncer tout ce qu'avaient de dérangeantes les opinions de Pierre Péladeau.

L'homme d'affaires ne s'excusa jamais à proprement parler. Il ne cachait pas qu'il considérait que les Juifs prenaient trop de place dans la société québécoise par rapport à celle que prenaient les francophones. Nationaliste de la vieille école, il répéta d'ailleurs ce point de vue alors qu'il était interviewé par Pierre Pascau à CKAC. Sans jamais avoir posé quelque geste antisémite que ce soit, Pierre Péladeau exprimait tout haut la pensée de Lionel Groulx, tombée dans l'opprobre populaire depuis longtemps.

La même année, Pierre Péladeau devait remettre un prix d'excellence lors du Gala des femmes, à l'invitation de la présidente du Salon de la femme de Montréal, Jacqueline Vézina. À la suite des réactions violentes qu'avait causées l'« affaire », cette dernière se résigna à retirer son invitation, tout en faisant une déclaration à *La Presse* qui expliquait le fond de l'histoire : « Selon moi, on accorde beaucoup d'importance aux propos de M. Péladeau. C'est un charmeur. Il aime provoquer, faire parler le monde[90]. »

En 2006, Érik Péladeau se souvenait clairement de l'impact qu'avait eu l'« affaire » de *L'actualité* sur son père : « Ça lui a fait très mal. Ça l'avait blessé. Ça nous a fait mal aussi au niveau financier, parce qu'on a eu beaucoup de boycotts de la part de sociétés contrôlées par des Juifs, que ce soit à Montréal ou à Toronto ou même à New York. Parce que la communauté juive est très forte et quand ils prennent une position, ils sont très drastiques [sic]. Il y a encore des gens qui m'en parlent aujourd'hui. Je ne peux pas me porter garant de tout ce que mon père a pu dire. Mon frère [Pierre-Karl] non plus[91]. »

3. Honneurs perdus

L'ultime quête de Pierre Péladeau ne fut jamais d'accumuler les millions ni de collectionner les femmes. Ses problèmes d'alcool de même que ses tendances suicidaires, qui ne le quittèrent jamais, sa soif incoercible de croissance, de pouvoir, tout cela s'expliquait par l'insécurité foncière du personnage. Marqué par la faillite de son père, par le persiflage des fils de riches à Brébeuf, Pierre Péladeau ne fut jamais une personne comme les autres.

On l'admirait, on l'enviait, on le craignait, on en était curieux et, encore plus souvent, on le détestait. Son insécurité le poussa sans cesse à rechercher la reconnaissance de ses pairs, mais aussi des institutions qu'il méprisait. Dans ses journaux, les juges ne méritaient plus l'épithète « honorable » ; il se moquait de la justice tout autant que des universités. Toutefois, Pierre Péladeau n'aurait pas tant combattu les institutions si elles lui avaient été indifférentes. En effet, il ne se priva pas de la visite des premiers ministres du Québec et du Canada lors de l'inauguration du nouvel édifice du *Journal de Montréal*, situé au 4545 de la rue Frontenac, pas plus qu'il ne refusa les doctorats honorifiques qu'on lui décerna.

L'école des Hautes Études commerciales (HEC) avait proposé son nom pour un doctorat honorifique, la direction générale de l'université l'avait entériné et Pierre Péladeau avait déjà accepté lorsqu'un mois avant la cérémonie, l'Université de Montréal lui retira cet honneur après ses déclarations incendiaires rapportées par le magazine *L'actualité*. Pierre Péladeau, à qui l'obtention d'un doctorat *honoris causa* de l'Université du Québec à Montréal (UQAM) en 1985 avait fait un grand plaisir, fut déçu d'apprendre la nouvelle. Titulaire d'un doctorat et ancien bailleur de fonds pour l'Université de Montréal, André Bachand, son adjoint de l'époque, l'invite à oublier cet épisode : « Quelques membres du conseil d'administration avaient manifesté leur opposition après la parution de l'article de *L'actualité*, mais ce n'était que partie remise. Malheureusement, on ne lui avait pas encore octroyé son doctorat *honoris causa* lors de sa mort en 1997[92]. »

4. Gestion de crise

De deux ans l'aîné de Pierre Péladeau, André Bachand n'était pas un adjoint comme les autres. Universitaire on ne peut plus distingué, il ne se gênait pourtant pas pour dire ses quatre vérités au grand patron. À son entourage, qui se surprenait de le voir travailler pour Péladeau, il répondait que le P.-D.G. de Quebecor était un homme très cultivé, avec qui on pouvait aborder tous les sujets. André Bachand était déjà dans la soixantaine lorsque, en 1985, il fit un essai chez Quebecor en tant qu'adjoint du président : « Au début, je devais faire un essai durant trois mois à trois jours par semaine. Finalement, je suis resté cinq ans à sept jours par semaine[93] », se rappelle-t-il.

André Bachand devait quitter son poste en avril 1990. Après la publication de l'article controversé de l'édition du 15 avril de *L'actualité*, il proposa à Pierre Péladeau de rester jusqu'en juin dans le but de gérer la crise de relations publiques que traversaient Quebecor et son fondateur. C'est ce qu'il fit. Sa fonction d'adjoint du président comprenait en effet une part de relations publiques : il organisait les rencontres avec les journalistes et il préparait aussi les dossiers de candidature pour les différents prix que le fondateur de Quebecor était susceptible de gagner. Au cours de cette période difficile, sa tâche fut non seulement de traiter les demandes d'entrevue, mais de rétablir l'image de l'homme d'affaires à qui il vouait une amitié désintéressée.

À une journaliste de la *Tribune juive* qui s'était montrée des plus insistantes, il avait accordé une entrevue avec Pierre Péladeau afin qu'elle fasse la lumière sur l'affaire de *L'actualité* auprès de la communauté juive du Québec. La journaliste Ghila Benesty Sroka y alla d'une entrevue agressive qu'elle reproduisit mot à mot dans la *Tribune juive*[94], mais sans mentionner que le Congrès juif canadien et la communauté sépharade du Québec avaient accepté les « excuses » de Pierre Péladeau et déclaré, par voie de communiqué, qu'ils considéraient « ce regrettable incident [l'affaire de *L'actualité*] comme clos »[95]. André Bachand, qui se souvient non sans amertume de cet épisode, répondit par une lettre indignée à la journaliste dont l'article, s'insurge-t-il encore aujourd'hui, faisait preuve de « malhonnêteté intellectuelle ».

Ce fut la dernière lettre qu'il écrivit en tant qu'adjoint du président, son mandat arrivant à échéance. Bernard Bujold, avec qui le P.-D.G. de Quebecor entretenait une relation épistolaire depuis plusieurs années, allait le remplacer en tant qu'adjoint jusqu'à la mort de Pierre Péladeau. C'est à lui que reviendrait le mandat de redorer le blason de Quebecor et de son fondateur. D'alcoolique séparatiste, antisémite et vulgaire, Pierre Péladeau deviendrait un mélomane averti et un philanthrope généreux. S'il n'était pas non plus tout à fait ainsi, l'homme d'affaires était du moins un être humain haut en couleur, un être ambigu chez qui se retrouvait le pire comme le meilleur.

5. Honneurs retrouvés

Durant la deuxième moitié des années 1980, Pierre Péladeau avait successivement reçu un doctorat honorifique de l'Université du Québec à Montréal (UQAM), l'Ordre du Canada, l'Ordre du mérite et le titre d'Officier de l'Ordre national du Québec. Ces honneurs, ces reconnaissances officielles ne le laissaient pas de marbre, bien au contraire. Par exemple, le fondateur de Quebecor avait quitté prématurément le Sommet économique de Québec de 1996, outré de ne pas avoir été nommé chef d'un comité sectoriel par le premier ministre. Lorsque Péladeau était en nomination pour un prix, André Bachand se rappelle qu'il faisait de l'assurance de remporter le premier prix une condition *sine qua non* à sa présence lors de la cérémonie de remise.

La perte du doctorat *honoris causa* de l'Université de Montréal de même que le déferlement de commentaires négatifs à son égard dans les médias l'affectèrent, tout comme les attaques de certains journalistes de Sun Media alors qu'il tentait de racheter le groupe en 1996. Le 11 juin 1994, Pierre Péladeau reçut un second doctorat honorifique, cette fois de l'Université de Sherbrooke. Les choses se replaçaient. Quelques mois avant sa mort, les honneurs qu'il recevait régulièrement à la fin des années 1980 resurgirent. Ainsi, en juin 1997, il obtint un troisième doctorat *honoris causa*, en sciences de l'administration, décerné par l'Université Laval. On lui annonça la même année qu'il allait recevoir la Légion d'honneur.

La plus prestigieuse des distinctions françaises, la Légion d'honneur, fut décernée à Pierre Péladeau en grande partie à cause de ses acquisitions en France, qui avaient sauvé de la faillite plusieurs entreprises dans le secteur de l'imprimerie. Son adjoint, Bernard Bujold, avait commencé à préparer le dossier et Pierre-Karl Péladeau, alors à Paris, l'avait complété. En apprenant qu'on lui octroyait la Légion d'honneur, le magnat de la presse déclara que c'était la plus grande joie de sa vie. C'est dire le besoin de reconnaissance qui, encore à cet âge et après toutes ces réussites, continuait à le tenailler.

Nommé Chevalier de la Légion d'honneur, Pierre Péladeau pouvait la recevoir des mains de l'ambassadeur de France à Ottawa ou encore des mains du grand maître de la légion, c'est-à-dire le président français, qui était alors Jacques Chirac. Compte tenu du caractère de Pierre Péladeau, on déduit aisément quel fut son choix… Malheureusement, les choses se passèrent autrement. C'est la famille Péladeau qui, à Ottawa, reçut la Légion d'honneur de Pierre Péladeau à titre posthume.

CHAPITRE XXVI

LE PHILANTHROPE

L'entrée en fonction de Bernard Bujold en tant qu'adjoint de Pierre Péladeau donna lieu à une gestion plus rigoureuse des relations de presse chez Quebecor. Avide de reconnaissance, Monsieur P. ne fuyait pas les tribunes; au contraire, il les recherchait. Celui qui refusait rarement des entrevues, pour peu qu'on se donnât la peine de les solliciter, n'avait pas modifié ses méthodes en un demi-siècle. Dans les années 1990, deux choses pourtant avaient changé : d'une part, Quebecor était devenue une multinationale et, pour les Québécois, le symbole de la réussite francophone en affaires; d'autre part, les entrepreneurs, dont les médias avaient longtemps négligé les activités, étaient soudainement devenus les vedettes du moment. On les invitait à la télévision, à la radio; on leur demandait même de commenter l'actualité.

Pierre Péladeau profitait de cet intérêt médiatique tandis que Bernard Bujold s'affairait à faire valoir aux médias les forces du personnage. Durant la dernière décennie de sa vie, l'homme d'affaires aurait donné, par l'entremise de Quebecor et de ses filiales, deux millions de dollars par année à des fins philanthropiques. Quebecor donnait aussi du travail à des dizaines de milliers de travailleurs. En martelant ces faits, Bernard Bujold espérait réduire d'autant l'espace que prenaient dans les médias les aventures galantes, le langage vulgaire et les propos controversés de Pierre Péladeau.

1. Près des gens

L'accessibilité de Pierre Péladeau était légendaire. Non seulement répondait-il à toutes les lettres qu'on lui envoyait, les sérieuses comme les plus loufoques, mais il pouvait parler au téléphone à plus d'une centaine de personnes chaque jour. Malgré le nombre imposant d'employés que comptait Quebecor, tous savaient qu'en cas de force majeure, le président de Quebecor prendrait le temps de les écouter. De la même manière qu'il était disponible pour les médias, il acceptait pratiquement toutes les invitations qu'on lui faisait pour donner des conférences ou remettre des prix.

Sollicité par les chambres de commerce comme les Alcooliques Anonymes, en passant par les agents immobiliers, il donnait une centaine de conférences par année : « Il racontait invariablement qu'il avait acheté le *Journal de Rosemont* avec 1 500 $ empruntés à sa mère[96] », se souvient André Bachand. En effet, Pierre Péladeau ne dissertait pas, dans ses conférences. Simple, accessible, il racontait généralement ses débuts dans l'industrie des journaux de même que plusieurs anecdotes plus ou moins cocasses qui illustraient les principes d'affaires les plus communs. Aussi, sa franchise et son absence de pudeur en faisaient un conférencier des plus recherchés. Il abordait sa conversion à la foi, sa vie sexuelle de même que ses anciens problèmes d'alcoolisme et de maniaco-dépression.

Chaque fois, il refaisait son numéro, racontant les mille et une anecdotes tirées de son répertoire. Sa force n'était pas tant sur le plan du discours que de sa facilité à communiquer son enthousiasme, à se mettre au niveau de son auditoire. D'ailleurs, si ses conférences se transformaient d'une fois à l'autre, c'était grâce aux nombreuses blagues qui émaillaient ses allocutions : « Il était sans cesse à l'affût de nouveaux traits d'esprit pour ses discours[97] », rapporte Bernard Bujold.

2. Main tendue

Pierre Péladeau voulait tendre aux autres la main qu'on lui avait présentée aux Alcooliques Anonymes. Il pouvait décider sur-le-champ d'héberger une femme battue ou un alcoolique dans sa maison de Sainte-Adèle. Il suffisait qu'il croie à la sincérité de la personne. Bien que sa maison privée fût officieusement devenue un lieu d'accueil pour les personnes en difficulté, Pierre Péladeau finançait aussi différentes maisons d'aide, officielles celles-là.

Dédié au traitement d'hommes alcooliques et toxicomanes, le pavillon d'Ivry-sur-le-Lac fut rebaptisé pavillon Pierre-Péladeau à la mort de son bienfaiteur. À Sainte-Adèle, la Maison du nouveau chemin, qu'il finançait, offrait les mêmes services aux femmes. Il finançait aussi la Maisonnée d'Oka, qui fut rebaptisée Maisonnée de Laval après son déménagement. Ce dernier établissement s'adressait tant aux femmes qu'aux hommes souffrant d'alcoolisme, de toxicomanie ou de jeu compulsif.

3. Le mélomane

Après avoir été un imprésario peu scrupuleux avec le virtuose André Mathieu dans les années 1940, Pierre Péladeau devint avec le temps un mécène. Il aida en effet le pianiste Pierre Jasmin et, dans une moindre mesure, Alain Lefèvre. Amoureux fou de Beethoven, que son ami Pierre-Paul Élie lui avait fait découvrir à l'époque où ils étudiaient tous deux le droit à McGill, Péladeau écoutait exclusivement ce compositeur : « Il écoutait Beethoven du matin jusqu'au soir. Il avait une sorte d'exclusivité qui était d'ailleurs très agaçante. Ça excluait Mozart, ça excluait Schubert, les compositeurs modernes... C'était Beethoven qui était sa passion exclusive et très forte. C'était pour lui un héros, c'était pour lui un modèle de vie, aussi ; Beethoven avec ses colères, sa façon de foncer et sa façon d'être insolent[98]», explique Pierre Jasmin.

Pour le pianiste Pierre Jasmin, cette passion fougueuse pour le compositeur allemand ne posait pas de problème, puisqu'il la partageait avec son mécène et ami. Beethoven était d'ailleurs à la base de leur amitié, nouée en 1974. Ils s'étaient connus par l'entremise d'Yvon Gosselin, qui avait demandé à Pierre Jasmin s'il pouvait jouer pour remonter le moral à un ami déprimé. Il s'agissait bien entendu de Pierre Péladeau qui, en 1974, venait d'arrêter de boire.

Impressionné par l'interprétation de Beethoven qu'avait livrée Pierre Jasmin à cette occasion, Pierre Péladeau, qui ne connaissait pas le pianiste, lui demanda quel était son but. Le musicien voulait aller étudier à Vienne, « puisque Beethoven, notre héros commun, y a habité[99]», ajouta-t-il. Enthousiasmé, l'homme d'affaires lui proposa tout de go de lui payer ses études à Vienne, offre que le pianiste, après avoir refusé maintes fois, accepta devant l'insistance de Pierre Péladeau.

Pierre Jasmin ne se lassait pas d'interpréter l'œuvre de son modèle. Cependant, ce n'était pas le cas des musiciens de l'Orchestre métropolitain du Grand Montréal, dont Pierre Péladeau devint le principal donateur. Même si ces derniers l'appréciaient, ils étaient souvent excédés de jouer son compositeur fétiche. Prise entre deux feux, la directrice artistique de l'orchestre, Agnès Grossman, négociait avec ses musiciens pour qu'ils acceptent de jouer du Beethoven plus souvent et, avec Pierre Péladeau, pour qu'il laisse l'orchestre jouer d'autres compositeurs.

Le jeune Orchestre métropolitain du Grand Montréal tentait de se démarquer de son principal concurrent en se présentant comme l'orchestre « des gens ordinaires », par opposition à l'Orchestre symphonique de Montréal (OSM), plus élitiste. Cette orientation n'était pas sans plaire au « milliardaire rebelle » qu'était Pierre Péladeau. Voyant d'un bon œil le positionnement de l'Orchestre métropolitain, il avait mis l'épaule à la roue dès 1987, tout en se gardant bien d'y engouffrer trop d'argent. Ainsi, c'est principalement en publicité gratuite dans ses différentes publications, le *Journal de Montréal* en tête, qu'il finançait l'orchestre. Il fournissait des locaux et, bien sûr, imprimait le programme de l'orchestre tout à fait gratuitement.

Outre ce qu'il fit pour l'Orchestre métropolitain, Pierre Péladeau créa de toutes pièces le Pavillon des arts de Sainte-Adèle à partir d'une chapelle jouxtant son domaine. Ayant entendu dire qu'on projetait d'en faire l'acquisition pour la transformer en débit de boisson, Pierre Péladeau devança le projet en achetant la chapelle plus rapidement que les promoteurs. Utilisant sa notoriété pour approcher des personnalités connues, qui y présentèrent des concerts, il fit de cette petite chapelle des Laurentides une salle de concert qui affichait le plus souvent complet. Des publicités dans le *Journal de Montréal* et le prestige de Péladeau n'étaient pas étrangers à ce singulier triomphe de la musique classique à la campagne.

4. Le pavillon de Monsieur P.

En 1991, Pierre Jasmin convainquit Pierre Péladeau de verser un million de dollars à l'UQAM pour la construction d'un pavillon consacré à la musique classique qui porterait le nom de son bienfaiteur. Pierre Péladeau, qui avait appuyé le projet – avorté – de déplacer l'OSM dans l'Est de Montréal sous le gouvernement de René Lévesque, était sensible aux arguments de Pierre Jasmin sur la nécessité d'une telle salle dans l'Est.

Si on accepta volontiers son argent, le nom de la salle fit polémique, comme en témoigne Pierre Jasmin : « L'élite intellectuelle disait : " Ç'a tu de l'allure de nommer la salle qui a la meilleure acoustique à Montréal d'après ce rustre dont les journaux ne parlent que des musiciens populaires ? " Toute cette levée de boucliers se faisait sur l'extérieur, sur la frime, sur le " comment est-on perçu " et pas sur ce que voulait fondamentalement Pierre Péladeau, c'est-à-dire aider l'UQAM et doter l'Est de Montréal d'une salle de concert[100]. »

Pierre Jasmin se souvient que la résistance venait essentiellement des professeurs de l'UQAM. La grogne prit une telle ampleur que l'université essaya de sauver la mise en donnant à la salle de concert du pavillon le nom du compositeur québécois Pierre Mercure : « La vice-rectrice [Florence Juncat-Adenot], en nommant la salle Pierre-Mercure et en mettant beaucoup de publicité autour, faisait le pari que ça amoindrirait les critiques, qui venaient surtout de l'interne[101]. » Ainsi, la salle de concert du pavillon Pierre-Péladeau, bien qu'elle fût la seule de l'édifice, hérita d'un nom bien à elle.

5. Un autre million

En juillet 1996, Pierre Péladeau apprit par les médias l'ampleur des dégâts provoqués par l'inondation qui sévissait au Saguenay–Lac-Saint-Jean. Ayant plusieurs hebdomadaires et des imprimeries dans la région, notre homme décida de faire un coup d'éclat en donnant un million de dollars afin de venir en aide aux sinistrés. Imprimerie Quebecor déboursa ainsi 400 000 $ et Donohue, 600 000 $, tandis que le chèque provenait officiellement de Quebecor. Les 450 millions de dollars en dommages et les 12 000 personnes évacuées avaient inspiré aux Québécois une grande générosité.

Pierre Péladeau, pour qui le mot « contrôle » constituait un mantra, aurait voulu gérer son don lui-même, par l'entremise de ses hebdomadaires de la région. Cependant, la marche à suivre exigeait de libeller les chèques à l'ordre de la Croix-Rouge canadienne, qui s'occupait de redistribuer les fonds. Le premier ministre du Québec, Lucien Bouchard, alors député de la région, vint en personne accueillir le célèbre philanthrope. Si les médias couvrirent l'événement, le don n'eut pas l'effet d'entraînement dans le milieu des affaires que Pierre Péladeau avait escompté.

Moins d'un an après avoir fait ce don, Pierre Péladeau fut outré d'apprendre que 1,5 million de dollars provenant de l'argent recueilli pour les sinistrés du Saguenay allait être acheminé au Manitoba, où une importante inondation avait eu lieu. Pierre Péladeau eut du mal à digérer cette décision de la division québécoise de la Croix-Rouge. S'il ne leur fit pas un procès, il ne se fit plus jamais reprendre à donner à la Croix-Rouge.

CHAPITRE XXVII

LE POUVOIR JUSQU'À LA FIN

Pierre Péladeau avait pour projet d'écrire un livre, mais pour réaliser son rêve, il attendait d'être à la retraite. Et sa retraite, il ne se résolvait pas à la prendre. Depuis près d'un demi-siècle, il montait cette affaire devenue titanesque : Quebecor. Comment eût-il pu arrêter, lui qui n'aimait pas plus le sport que les voyages ?

Durant la dernière décennie de sa vie, Pierre Péladeau était souvent questionné sur sa succession : encore vif d'esprit, il savait pertinemment qu'en tant que dirigeant et principal actionnaire d'une société publique milliardaire, il devait prévoir sa succession. Ainsi, il répondait à certains qu'il préparait son éventuel départ. À d'autres, il laissait entendre qu'il resterait encore longtemps. Dans un documentaire[102], il déclarait par exemple qu'il resterait jusqu'à ce qu'il sente que son jugement n'apportait plus rien à la compagnie.

Sans doute était-il sincère lorsqu'il affirmait songer à la retraite. Il était cependant difficile de concevoir qu'un homme d'action tel que lui se résignerait à tirer sa révérence. S'il y songea sérieusement, les cadres qui mettaient en doute ses capacités furent ironiquement responsables du prolongement de son règne. Ayant toujours apprécié la compétition, les combats à livrer, cette odeur de mutinerie fut pour Pierre Péladeau la mince motivation qui lui était nécessaire pour conserver jalousement les rênes du pouvoir.

1. Rumeurs

Dès que Pierre Péladeau entra dans la soixantaine, des rumeurs et des prévisions circulèrent autour de la relève de ce qui était devenu un empire. Dans *La Presse,* en 1988, le journaliste Laurier Cloutier sortit une exclusivité à tout le moins étonnante : « Le président de Quebecor, M. Pierre Péladeau, aurait voulu acheter GTC [Groupe Transcontinental] et faire du grand patron de cette dernière, M. Rémi Marcoux, le président de Quebecor[103]. » Le lendemain paraissait dans le même journal un démenti de Rémi Marcoux, qui déclarait que jamais de tels pourparlers n'avaient eu lieu. *La Presse* maintenait que ses sources étaient crédibles.

Pour remettre le tout en contexte, l'article de *La Presse* faisait suite au désir de Pierre Péladeau de céder son siège de président de Quebecor, pour se contenter de ceux de président du conseil d'administration et chef de la direction de Quebecor. Tout en lui conservant un pouvoir qui lui permettrait de démettre de ses fonctions le nouveau président, cette démarche allait permettre à Pierre Péladeau de se retirer de la gestion quotidienne des opérations de Quebecor pour se concentrer sur les acquisitions.

Jacques Girard qui, quelques jours plus tard, allait devenir vice-président responsable des quotidiens, n'eut jamais vent de tels pourparlers. Il allait par la suite lui-même devenir président de Quebecor tandis que, bien entendu, le fondateur de Transcontinental, Rémi Marcoux, ne retourna jamais chez son ancien employeur. Il est probable que des pourparlers aient bel et bien eu lieu entre les deux groupes. Cependant, une telle transaction impliquait potentiellement la perte du contrôle qu'avait jusqu'alors exercé Pierre Péladeau sur son entreprise.

À peine quelques jours plus tôt, le 22 juin 1988, on annonçait l'acquisition des imprimeries de BCE, groupe qui devint après cette transaction propriétaire de 21 % des actions de Quebecor. Cette participation avait mis en péril le contrôle qu'exerçait Pierre Péladeau sur Quebecor. Bien que nié par la direction, ce péril se traduisit par un programme de rachat d'actions lancé peu après par Gestion Péladeau, la fiducie qui gérait les actions votantes détenues par la famille Péladeau.

2. Ses fils

En 1993, dans le cadre d'un colloque sur les entreprises familiales organisé par l'UQAM, Pierre Péladeau déclarait : « Je suis très fier des performances de mes fils Érik et Pierre-Karl, mais je n'ai surtout pas l'intention de quitter ma chaise[104]. » Bien qu'il eût déjà annoncé qu'il prendrait sa retraite à l'âge de 70 ans (il en avait alors 68), il déclara qu'il pourrait attendre d'en avoir 90 pour céder sa place. S'il avait réellement douté, sa décision était alors prise : guerrier du monde des affaires, il mourrait en uniforme.

Pierre-Karl Péladeau, qui travaillait pour l'entreprise familiale à temps plein depuis ses 24 ans, soit depuis 1985, était alors dans la jeune trentaine et visait le poste qu'occupait son père. Pierre-Karl avait la même agressivité en affaires, la même soif de pouvoir que son père. Cette similitude entre père et fils n'entraîna que des conflits entre eux. Pierre Péladeau parlait depuis un moment de se retirer, mais il venait de faire volte-face et de révéler ce dont on se doutait, c'est-à-dire qu'il n'irait pas se reposer au bord d'un lac. Pour Pierre-Karl Péladeau, la déclaration de son père au colloque de l'UQAM avait été « une claque dans la face[105] » ; père et fils furent une fois de plus en froid.

Entre-temps, les observateurs de la firme montréalaise commençaient à comprendre qu'Érik, bien que de six ans l'aîné de son frère Pierre-Karl, ne serait pas le successeur de Pierre Péladeau. Dès 1992, un article de la revue *Commerce* désignait Pierre-Karl comme le successeur de son père : « Même s'il ne l'a pas encore consacré officiellement, Pierre Péladeau parle de son deuxième fils, Pierre-Karl, comme du futur président de son empire[106]. » Davantage doué pour les relations humaines, Érik Péladeau ressemblait à son père en cela qu'il se montrait affable avec ses employés. Intuitif, l'aîné des Péladeau n'était pas un passionné de finances comme son jeune frère. Sa vision des affaires se résumait à une chose : les gens. Aussi, il s'entendait bien avec son père.

3. Les derniers combats

« Un an avant la mort de Pierre Péladeau, il y a eu un putsch au sein de la direction. Il y avait un certain groupe de cadres qui disait : " Pierre Péladeau est trop vieux, il faut qu'il cède la présidence[107] " », évoque son dernier adjoint, Bernard Bujold. Pierre Péladeau ne se laissa pas abattre, bien au contraire : « Il s'est repris en main et a tassé le monde qui voulait le " putscher " », explique Bernard Bujold[108]. Après une cure de nettoyage, le grand patron pouvait à nouveau régner sans partage sur l'empire dont les ramifications s'étendaient sur trois continents.

Lors de l'assemblée annuelle d'avril 1997, Pierre Péladeau déclara qu'il aimait son travail et qu'il y excellait même ; par conséquent, il n'envisageait pas encore de prendre sa retraite cette année-là. Lors de la même assemblée, qui eut lieu quelques mois avant sa mort, il annonça aussi que ses deux fils aînés étaient l'un comme l'autre prêts à prendre la relève. Malgré sa décision implicite de rester jusqu'à la fin, il parlait de prendre sa retraite pour s'occuper du nouveau joujou que constituait la chaîne de télé TQS, dont il avait fait l'acquisition pour une bouchée de pain. Il parlait aussi d'écrire un livre ; il en avait d'ailleurs commencé la rédaction.

Diminué physiquement dans les derniers mois, Pierre Péladeau connaissait des malaises régulièrement. Ses proches avaient aussi remarqué qu'il tremblait anormalement des mains. Il était las, mais toujours lucide. Il abusait encore de la vie en mangeant gras, en buvant du café en quantité industrielle et en fréquentant nombre de femmes. Il consacrait encore beaucoup de temps à donner des conférences, mais la fatigue se faisait sentir.

Le 15 septembre 1997, un jugement de la cour invalida la tutelle que Pierre Péladeau avait imposée à sa fille Anne-Marie à cause de ses nombreux problèmes de toxicomanie. Si les relations qu'il entretenait avec ses enfants s'étaient améliorées avec le temps, notamment avec ses fils aînés qu'il côtoyait chez Quebecor, sa relation avec Anne-Marie ne s'améliora jamais, notamment à cause de sa toxicomanie. Pour l'aider à se sortir de l'emprise des drogues, Pierre Péladeau s'était servi de la tutelle pour lui imposer nombre de cures fermées, qui s'étaient toutes soldées par des échecs. Quelques semaines avant la mort de son père, Anne-Marie Péladeau était plus loin que jamais d'une éventuelle réconciliation avec lui. Si le temps pouvait encore arranger les choses, il n'était dorénavant plus l'allié de Pierre Péladeau qui, de plus en plus, se faisait vieillissant.

« À partir de la fin août, l'année où Pierre est tombé dans le coma, il était plus là tout à fait. J'ai mangé deux ou trois fois avec lui durant cette période et il déparlait ; il n'était pas bien, au point que, la dernière fois que j'ai mangé avec lui, on a passé deux heures et demie ensemble et je n'ai rien compris de ce qu'il m'a dit[109] », se rappelle Guy Fournier. Un mois avant qu'il perde connaissance, en novembre 1997, Guy Fournier rencontra une dernière fois celui qui était son ami : « Pierre tremblait, il avait de la misère à parler. Je suis sorti de là ; j'étais catastrophé ; je me disais qu'il ne durerait pas longtemps[110]. »

4. La fin

Le mardi 2 décembre 1997, il arriva ce qui devait arriver. Après s'être absenté pour une longue pause de dîner, vraisemblablement pour une rencontre galante puisque rien ne figurait à son agenda, Pierre Péladeau revint à son bureau du treizième étage. Tout était normal jusqu'à ce que le magnat de la presse s'évanouisse à sa table de travail, victime d'un arrêt cardiaque. Une employée lui donna les premiers soins et réanima le cœur de son patron qui, plongé dans le coma, n'en émergea jamais. Aussitôt, il fut transporté en ambulance au pavillon de l'Hôtel-Dieu du Centre hospitalier de l'Université de Montréal, où il arriva à 15 h 10[111]. Une fois admis à l'hôpital dont il présidait la fondation, il fut branché sur un respirateur artificiel.

CINQUIÈME PARTIE

LES HÉRITIERS DE L'EMPIRE

CHAPITRE XXVIII

AU CHEVET DE PIERRE PÉLADEAU

Le clan Péladeau veillait le comateux. À son chevet, Érik arriva le premier. Apprenant la nouvelle, Pierre-Karl revint de Londres par le premier vol à destination de Montréal. Bien qu'il dirigeât alors les opérations d'Imprimerie Quebecor en Europe, Pierre-Karl s'installa dès lors à Montréal pour veiller son père. Atterré de voir ce dernier dans le coma, il faisait jouer les morceaux de Beethoven que son père affectionnait tant et lui lisait des extraits du *Financial Times*, ce grand format londonien qu'on reconnaît aisément à la couleur saumon de son papier.

Sans savoir s'ils étaient entendus, chacun des enfants de cet ogre des affaires, de ce père absent mais admiré, tentait sinon de le faire revenir, du moins de lui témoigner son affection, chacun à sa manière. Ce fut la dernière fois que la fratrie se réunit ainsi. La mort du père et les conflits relatifs à sa succession auraient raison du clan Péladeau. Seuls Érik et Pierre-Karl resteraient soudés, le testament de Pierre Péladeau les y contraignant.

Tandis qu'Isabelle avait établi une liste des proches de son père afin de contrôler les allées et venues à l'hôpital, les innombrables maîtresses du célèbre patient, anciennes et actuelles, se succédaient à son chevet. Elles lui en voulaient, elles pleuraient ou venaient simplement lui faire leurs adieux. Elles avaient été la seule drogue dont Pierre Péladeau ne s'était jamais abstenu.

1. Derniers espoirs

Le jeudi 4 décembre 1997, après l'émission d'un communiqué faisant part d'une amélioration sensible de l'état du fondateur de Quebecor, certains se prirent à espérer qu'il reviendrait. Dans les faits, deux jours après s'être effondré, Pierre Péladeau était toujours dans un état comateux. Aux communications de Quebecor, on était par ailleurs très fébrile dans la gestion de l'information, les actions de Quebecor étant négociées sur les marchés boursiers.

Après l'espoir suscité par les médecins de l'Hôtel-Dieu, un communiqué de Quebecor informa le public que Pierre Péladeau ne serait plus en mesure de réintégrer ses fonctions. Le texte ne s'appuyait pas sur un pronostic émanant de l'Hôtel-Dieu, mais sur celui d'un médecin de la célèbre clinique Mayo, que la famille avait mandaté pour obtenir un avis externe. Si la nouvelle provoqua un deuil presque national au Québec, l'entreprise Quebecor ne fit l'objet d'aucun remous sur les marchés financiers.

« On avait mis au point, avec une agence de relations publiques, un plan de gestion de crise dans le cas où l'action de Quebecor se serait mise à flotter », se souvient Luc Desaulniers qui, entre autres choses, a conçu les principaux logos des différentes filiales de Quebecor. Le cours de l'action de Quebecor resta stable malgré la perte de son fondateur en tant que dirigeant. La créature de Pierre Péladeau, Quebecor, pouvait dorénavant se passer de son créateur.

2. Un retour impossible

Le 23 décembre 1997, le *Journal de Montréal* présentait à la une les administrateurs qui assureraient la transition chez Quebecor. L'article était accompagné du titre : « Une équipe solide ! » L'opération visait évidemment à rassurer les investisseurs qui, inquiétés par l'état de santé de Pierre Péladeau, auraient pu vendre leurs actions et faire péricliter le titre de la société. Jean Neveu, alors président d'Imprimerie Quebecor, accédait aux postes de président et de chef de la direction de Quebecor. Charles-Albert Poissant, l'« éternel comptable » de Pierre Péladeau qui présidait alors Donohue, accédait à la présidence du conseil d'administration de Quebecor. Tout en conservant temporairement la présidence de Quebecor Europe, où il ne travaillerait plus à temps plein, Pierre-Karl Péladeau devenait vice-président d'Imprimerie Quebecor, et son frère Érik, président du conseil d'administration de Communications Quebecor.

Le pronostic des médecins était clair : Pierre Péladeau ne se réveillerait plus et, même s'il le faisait, il ne s'en tirerait pas sans dommages neurologiques considérables. L'homme d'affaires avait à maintes reprises exprimé le désir de ne jamais être un poids pour personne. Il voulait être en pleine possession de ses moyens jusqu'à la fin. Chacun de ses enfants le savait et c'est ainsi que, tous ensemble, ils prirent une décision difficile guidée par la volonté de fer de leur père qui, même dans le coma, continuait de contrôler l'agenda du clan Péladeau.

Ainsi, le 24 décembre 1997, les enfants Péladeau donnèrent unanimement leur accord aux médecins pour qu'ils s'abstiennent de réanimer leur père. La date était d'autant plus mal choisie qu'elle coïncidait avec l'anniversaire d'un des fils du personnage, Simon-Pierre, qui « fêtait » ses 19 ans en cette triste veille de Noël. À 21 h 45, Pierre Péladeau succombait à une insuffisance cardio-respiratoire.

CHAPITRE XXIX

LE TESTAMENT

En janvier, les affaires reprirent leur cours « normal » chez Quebecor, mais sans l'âme qui l'animait. Les mémos de Pierre Péladeau ne se promenaient plus au 612 de la rue Saint-Jacques et les cadres ne craignaient plus de recourir à leur allocation de dépenses qui, auparavant, était scrutée à la loupe par le fondateur. Tandis qu'Érik et Pierre-Karl apprenaient qu'ils étaient héritiers des droits de vote de leur père, c'est-à-dire du contrôle de Quebecor, la nouvelle direction s'affairait à éloigner la garde rapprochée de feu Pierre Péladeau.

Bernard Bujold, l'adjoint de Pierre Péladeau durant sept ans, fut rapidement remercié. Des vice-présidents – dont le renvoi était prévu pour janvier à cause du « putsch » organisé contre Pierre Péladeau – consolidaient ainsi leur place au sein de la société. Raymond Lemay, alors vice-président exécutif de Quebecor, était du nombre. Si certains devaient quitter Quebecor en janvier, d'autres devaient y faire leur entrée. C'était le cas de Marcel Béliveau, qui devait entrer en fonction en tant que président de TQS, mettant un terme à la présidence de Wilbrod Gauthier, qui allait prendre sa retraite sous peu. Bien entendu, il n'occupa jamais le poste que le grand patron lui destinait.

1. Obligation de s'entendre

En 1994, lorsque Pierre Péladeau rédigea son testament, il ne savait pas lequel de ses fils lui succéderait. Bernard Bujold rapporte que l'homme d'affaires prenait des notes sur des bouts de papier dans le but de modifier son testament, mais il n'en fit rien avant sa mort. Ainsi, c'est conjointement à Érik et Pierre-Karl qu'il légua les droits de vote associés à Gestion Péladeau, la société qui gérait le portefeuille financier de la famille. En d'autres mots, chacun des sept enfants de Pierre Péladeau hérita d'une part égale de la fortune paternelle, mais les droits de vote rattachés aux actions de Quebecor ne pouvaient être exercés que par les deux frères aînés.

Érik et Pierre-Karl héritèrent ainsi d'un pouvoir incommensurable, mais aussi du fardeau qui en était indissociable. La notion de droits de vote « conjoints » signifiait que les deux frères ne pouvaient pas scinder leurs droits de vote lors d'une assemblée annuelle. Ils avaient l'obligation de s'entendre, et ce, jusqu'à ce que l'un d'eux décède : « Mon frère et moi avons hérité via le testament de notre père du contrôle de la compagnie. Il nous a soudés ensemble[112] », commente Érik Péladeau.

Dans le cas d'une mésentente entre frères, le juge à la retraite Jean-Paul Saint-Louis, un proche de Pierre Péladeau – décédé en 2005 –, devait faire appel à un comité de trois « sages ». Au terme de 30 jours, Jean-Paul Saint-Louis devait prendre une décision finale et utiliser les droits de la fiducie pour voter dans le sens des recommandations faites par lesdits « sages ».

Le comité des trois « sages » était composé de Jean Péladeau – frère aîné de Pierre Péladeau, décédé en 2004 –, de Charles-Albert Poissant qui, préretraité, avait encore son bureau au siège social de Quebecor en 2007 et Pierre Laurin, un financier de haute voltige qui, détenteur d'un doctorat en administration de Harvard, siégeait toujours au conseil d'administration de Quebecor en 2007. À la mort de Jean-Paul Saint-Louis, un «remplaçant» prit sa place, Pierre Péladeau ayant fourni une liste de quatre successeurs. Une fois la liste épuisée, Érik et Pierre-Karl Péladeau devront eux-mêmes désigner celui qui exercera les droits de vote en cas de mésentente. Seule la mort d'un des deux frères viendra mettre fin à cette disposition du testament.

Près d'une décennie après la mort de leur père, Pierre-Karl consultait toujours son frère Érik à propos de décisions importantes pour l'avenir de Quebecor. Peu connu du public, Érik Péladeau cumulait alors des vice-présidences honorifiques des différentes filiales de Quebecor et exerçait un pouvoir indéniable bien qu'il se fût retiré des opérations courantes. Lors d'une entrevue privée, il déclarait : «Je suis très impliqué dans Quebecor. Par exemple, là, on regarde pour un nouveau vice-président. Mon frère m'a appelé avant-hier. Il m'a dit : "Qu'est-ce que tu penses de untel ?" Je lui ai répondu que je le connais plus ou moins, puis que je vais aller déjeuner avec lui. Il m'a dit : "Rappelle-moi après pour me donner du feedback". C'est comme ça qu'on fonctionne[113].»

2. Les gars contre les filles

«Dans la famille, il y avait les filles d'un côté et les gars de l'autre[114]», expliquait Anne-Marie Péladeau. Ce phénomène, relevé par d'autres proches du clan Péladeau, s'explique en grande partie par la nature du testament, qui favorisait les fils de Pierre Péladeau au détriment des filles, et ce, toujours sur le plan du pouvoir. Cependant, sur le plan financier, tous ses enfants eurent droit à une part égale de la fortune familiale.

De trois ans l'aînée de Pierre-Karl, Isabelle Péladeau était vice-présidente du secteur magazines de Communications Quebecor au moment du décès de son père. Non seulement a-t-elle été écartée du pouvoir au profit de ses deux frères, mais même une fois ceux-ci décédés, le pouvoir ne lui reviendra pas de droit, au contraire.

En effet, après le décès d'un des frères, les droits de vote passeront entièrement aux mains de l'autre. Après la mort d'Érik et de Pierre-Karl Péladeau, les droits de vote iront au plus vieux des fils vivants, soit Simon-Pierre Péladeau. À la mort de Simon-Pierre, Jean Péladeau, le benjamin de la famille né en 1991, héritera des précieux droits de vote. Isabelle, Anne-Marie et Esther, les trois filles de Pierre Péladeau, n'auront jamais droit à ce privilège, peu importe leur degré d'implication au sein de l'entreprise familiale.

CHAPITRE XXX

LES POURSUITES

À la mort de Pierre Péladeau, six de ses sept enfants travaillaient chez Quebecor. Si le petit dernier faisait bande à part, c'est surtout parce qu'il n'était pas en âge de gagner sa vie. Malgré toutes ses défaillances, Pierre Péladeau avait su réunir une famille peu conventionnelle dont les enfants provenaient de trois mères différentes. Cependant, une fois le patriarche disparu, le clan Péladeau éclata sous le poids de la discorde.

Une fois la poussière retombée, la tristesse laissa place à une soif de s'affirmer dans le clan Péladeau. Si le père continuait d'imposer sa volonté par voie testamentaire, tout ce qui n'y était pas explicitement prévu devenait une source de conflits. En un mot, la famille Péladeau s'entre-déchira après la mort du père comme une dictature tombe en guerre civile à la mort de son dictateur. Pour le clan Péladeau, l'année 1999 fut certes marquée par l'accession au pouvoir de Pierre-Karl Péladeau, mais surtout par les poursuites.

1. La tutelle d'Anne-Marie

La première du clan Péladeau à intenter une poursuite fut Anne-Marie Péladeau, qui était isolée de la famille par ses problèmes de toxicomanie. Benjamine des quatre enfants issus du premier mariage de Pierre Péladeau, Anne-Marie avait 11 ans lorsque sa mère se suicida. Elle avait toujours tenu son père responsable de cette mort prématurée. Élevée par sa sœur aînée, Isabelle, elle sombra très jeune dans la consommation de drogues. En 1993, alors qu'elle subissait une énième cure de désintoxication, son père lui imposa une tutelle dont elle se débarrassa en 1996, à l'issue d'un procès qui lui donna raison. À l'époque, si Pierre Péladeau ne pouvait plus gérer à sa guise la vie de sa fille d'âge adulte, il pouvait du moins en contrôler l'aspect financier.

Afin de limiter les achats de drogue de sa fille, Pierre Péladeau avait alors créé la compagnie à numéro 2327-7163 Québec, qui versait chaque mois quelque 10 883 $ pour assurer la « subsistance » d'Anne-Marie Péladeau. À partir d'octobre 1997, soit quelques mois avant la mort de l'homme d'affaires, les biens de la jeune femme furent administrés par le Trust Général du Canada. En tant que tuteur, la filiale de la Banque Nationale s'assurait que l'argent versé par la compagnie à numéro était bien dépensé.

Le système fonctionna jusqu'à ce que, en 1999, un différend survienne entre Anne-Marie Péladeau et ses frères Érik et Pierre-Karl au sujet d'une cure de désintoxication qu'elle devait suivre. Les paiements mensuels de la compagnie à numéro, administrés par les frères Péladeau, cessèrent en mai 1999. Ce fut l'élément déclencheur de la poursuite intentée par Anne-Marie Péladeau. Sans le savoir, son action ouvrait la voie à une série de litiges au sein de la famille.

2. Esther et Simon-Pierre

Esther et Simon-Pierre, issus du second mariage de Pierre Péladeau, avec Line Parisien, poursuivirent à leur tour leurs deux frères aînés. En juin 1999, Pierre-Karl Péladeau les aurait informés que leur allocation mensuelle diminuerait : de 3 500 $ à 2 160 $ pour Simon-Pierre et de 5 000 $ à 2 160 $ pour Esther. Alléguant que cette décision prise pour le compte de Gestion Péladeau, la fiducie qui gérait la fortune familiale, était motivée par la vengeance, Esther et Simon-Pierre réclamaient une allocation de 10 000 $ par mois. Selon eux, Pierre-Karl et Érik auraient agi ainsi parce que tous deux avaient appuyé leur demi-sœur Anne-Marie dans la poursuite qu'elle avait précédemment intentée.

Simon-Pierre et Esther accusaient aussi Érik et Pierre-Karl de leur cacher les états financiers de Gestion Péladeau et de ne pas avoir inclus leurs noms dans la liste des actionnaires. Comme si ce n'était pas assez, leur mère, Line Parisien, qui travaillait chez Quebecor en tant qu'assistante administrative, fut renvoyée sans aucune raison. La deuxième femme de Pierre Péladeau, estimant qu'on la renvoyait en raison des poursuites qu'avaient intentées ses enfants, poursuivit à son tour Pierre-Karl Péladeau pour 125 890 $.

3. Une poursuite dérangeante

Érik et Pierre-Karl, quant à eux, poursuivirent l'ami le plus intime qu'avait eu leur père, le juge à la retraite Jean-Paul Saint-Louis. Appuyés en cela par Manon Blanchette, dernière conjointe de Pierre Péladeau, et par Jean Péladeau, le frère du défunt magnat de la presse, les deux frères invoquaient une série de motifs pour discréditer Jean-Paul Saint-Louis.

La poursuite faisait valoir que Jean-Paul Saint-Louis, en tant qu'exécuteur testamentaire, était en conflit d'intérêts, dans la mesure où il avait appuyé les poursuites qu'avaient intentées Anne-Marie, Esther et Simon-Pierre contre leurs frères Érik et Pierre-Karl. On lui reprochait aussi d'avoir dévoilé une partie du testament de Pierre Péladeau, jusqu'alors demeuré confidentiel, et d'avoir donné des mandats juridiques relatifs à la succession de

Pierre Péladeau à son fils, l'avocat Marc Saint-Louis, plutôt que de faire appel aux procureurs attitrés à la succession.

Malgré tous ces déchirements, Quebecor ne fut jamais mis en péril. Plusieurs grandes entreprises ne survécurent pas au changement de génération – McCain et Steinberg en sont de bons exemples –, mais jamais l'intégrité de Quebecor ne fut menacée. En 1994, Pierre Péladeau n'avait pas rédigé son testament en pensant à ses enfants ; il pensait plutôt à la pérennité de Quebecor. Son but était atteint.

CHAPITRE XXXI

LE GROUPE DE PRESSE CANADIEN

« La presse se régale des chicanes des Péladeau, mais ce sont les bons coups de Pierre-Karl qui retiennent l'attention des analystes[115]. » Tel était le chapeau d'un article de la revue *Commerce* portant sur les nouvelles orientations qu'avait données Pierre-Karl Péladeau à Quebecor. Bien tournée, la phrase résumait efficacement la situation. Tandis que la famille Péladeau s'entre-déchirait, Pierre-Karl Péladeau, qui n'échappait pas au lynchage légal et médiatique, s'affairait à avaler ses concurrents.

En effet, Pierre-Karl Péladeau n'attendit pas d'accéder à la présidence pour imposer ses vues. Actionnaire de contrôle – dans la mesure où son frère Érik l'appuyait –, le pouvoir réel de Pierre-Karl Péladeau dépassait largement celui que son poste de vice-président lui conférait. Tout comme il avait dirigé de main de maître les négociations en vue d'acquérir Maxwell Graphics, Pierre-Karl Péladeau mena le bal à Toronto, d'où il ne comptait pas partir sans avoir en poche la deuxième chaîne de journaux au Canada.

1. Deux ans plus tôt…

Deux ans plus tôt, Pierre Péladeau avait tenté de racheter la chaîne de tabloïds Sun Media, dont Rogers voulait alors se départir. Il avait fait une offre et plutôt que de négocier, comme il le déclara au magazine *Maclean's*[116], il s'était retiré à Sainte-Adèle au moment où tout allait se décider. Homme d'affaires conservateur, Pierre Péladeau achetait toujours à rabais et se refusait à bonifier une offre pour damer le pion à la concurrence. Ce fut finalement un regroupement formé des cadres de Sun Media et de Toronto Sun Publishing Corp. qui mit davantage sur la table et remporta la mise.

De cette transaction avortée, dont Pierre Péladeau avait vanté les mérites avec l'exubérance qu'on lui connaît, ce fut surtout une certaine controverse qui retint l'attention des médias. Plusieurs journalistes de Sun Media, Diane Francis en tête, redoutaient qu'un « séparatiste, antisémite et ancien alcoolique » tel que Pierre Péladeau devienne leur patron. Ce dernier, qui avait une soif inextinguible de reconnaissance, fut une fois de plus affecté par cette campagne de dénigrement : « On avait fait une offre et on avait été reçus comme un chien dans un jeu de quilles, se rappelle Érik Péladeau. On n'était pas bienvenus du tout. Mon père s'était fait traiter de tous les noms, parce que c'était très mal vu qu'un Québécois se porte acquéreur d'un quotidien dans le marché de Toronto[117]. »

Dans un éditorial virulent, Diane Francis se targuait de haïr les séparatistes qui, selon elle, n'étaient rien de moins que des racistes au comportement antidémocratique. Selon elle, les lecteurs comme les annonceurs de Sun Media pourraient boycotter l'entreprise si elle était achetée par Quebecor. Elle concluait son éditorial ainsi : « Si Péladeau peut légalement acheter la chaîne [Sun Media], il ne possédera pas une seule âme qui y travaille[118]. »

Heureusement pour Diane Francis, le *Financial Post* ne passa pas aux mains de Pierre-Karl Péladeau, puisque quelques semaines avant que Quebecor fasse l'acquisition du groupe Sun, le *Financial*

Post avait été cédé à Southam-Hollinger, alors dirigé par Conrad Black. Conrad Black transforma avec succès le quotidien d'affaires torontois en un deuxième quotidien généraliste national, qui devint le contrepoids de droite du réputé libéral *Globe and Mail*. La création d'un quotidien, grand format de surcroît, à l'aube du vingt et unième siècle, constituait alors un véritable coup de force. Au sein du groupe de Conrad Black, Diane Francis put à loisir entretenir ses lecteurs de sa haine des séparatistes dont, selon elle, Pierre-Karl Péladeau faisait partie.

2. Le négociateur

Si Pierre Péladeau estimait que le prix payé par Toronto Sun Publishing pour acquérir Sun Media était trop élevé, celui que paya son fils Pierre-Karl l'aurait abasourdi. En effet, autant Pierre Péladeau avait été reçu à Toronto comme un chien dans un jeu de quilles, autant Pierre-Karl Péladeau fut accueilli en sauveur lorsqu'il surclassa l'offre d'achat hostile de Tostar – l'entreprise de presse qui chapeautait le *Toronto Star*, premier quotidien au Canada et principal concurrent du *Toronto Sun* – en mettant 983 millions de dollars sur la table, soit 21 $ par action. Ce montant dépassa le double de ce qui fut payé deux ans plus tôt pour l'acquisition du groupe, soit 411 millions, montant que Pierre Péladeau avait considéré exagéré.

Avec sa nouvelle acquisition, Quebecor serait dorénavant présent dans 10 des 11 principaux marchés canadiens, dont Toronto, Montréal et Ottawa, faisant de la société de Péladeau le deuxième groupe de presse canadien – derrière Southam-Hollinger, alors présidé par Conrad Black. Le groupe ne comptait aucun quotidien à Vancouver, notamment à cause du *Vancouver Sun*, un quotidien grand format qui, appartenant à Southam-Hollinger, bloquait en quelque sorte l'expansion de Sun Media dans la troisième métropole canadienne. Plus tard, Sun Media y fit une première incursion en y publiant une édition de *24 Hours*, l'équivalent anglophone du quotidien gratuit connu à Montréal sous le nom de *24 heures*.

3. Le *Journal de Montréal* à Toronto

Le siège social de la nouvelle filiale de Quebecor Media resta à Toronto. Dirigée par le président de Sun Media à l'époque, Paul Godefroy, l'entreprise intégrait dorénavant les quotidiens appartenant à Quebecor, soit le *Journal de Montréal*, le *Journal de Québec*, *The Winnipeg Sun* et *The Record*. Pour atténuer sa dette et recentrer ses activités sur l'édition de quotidiens dans les grandes métropoles canadiennes, Sun Media se départit de ses quotidiens régionaux, dont *The Record* de Sherbrooke et les quatre quotidiens régionaux ontariens que Sun Media avait acquis quelques mois plus tôt.

Dorénavant, Sun Media se concentrerait sur ses deux forces : les quotidiens dans les grands centres et les hebdomadaires régionaux. Par conséquent, lorsque le groupe Hollinger de Conrad Black se morcela en 2000, Sun Media était plus ou moins intéressé à faire l'acquisition d'Unimédia, la division québécoise du groupe. Cette dernière avait pour actif plusieurs quotidiens québécois, dont *Le Soleil* de Québec, *Le Droit* d'Ottawa et *Le Quotidien* de Chicoutimi. Les quotidiens d'Unimédia – mis à part *Le Soleil*, qui était en concurrence directe avec le *Journal de Québec* –, étaient régionaux et trop petits pour s'intégrer à la chaîne nationale qu'était devenu Sun Media.

Déjà propriétaire de *La Presse*, la filiale de Power Corporation Gesca mit sans difficulté la main sur Unimédia. Ironie du sort, le très fédéraliste Paul Desmarais, dont l'empire financier – et non médiatique – s'étendait sur plusieurs continents, devenait le premier groupe de presse quotidienne au Québec, tandis que l'entreprise du très nationaliste Pierre Péladeau était alors devenue le deuxième groupe de presse canadien. Un an plus tard, avant même d'accéder à la tête de Quebecor, Pierre-Karl Péladeau menait les négociations qui, on l'a vu, firent de Quebecor le premier imprimeur mondial après l'acquisition de la World Color Press.

CHAPITRE XXXII

PIERRE-KARL PÉLADEAU

Troisième enfant de Pierre Péladeau, Pierre-Karl est celui qui, avec sa sœur aînée Isabelle, a le plus fort caractère de la famille. Photographe au *Journal de Montréal* dès l'âge de 14 ans, le jeune Pierre-Karl, arrogant et fier de l'entreprise familiale, lisait des extraits du journal fondé par son père à la radio étudiante du collège. À l'époque, le quotidien populiste n'avait pas la cote au prestigieux collège Jean-de-Brébeuf qui, près d'un demi-siècle plus tôt, avait renvoyé Pierre Péladeau... pour y avoir distribué *Le Devoir.*

Révolté, à demi orphelin depuis la mort de sa mère alors qu'il avait 15 ans, le jeune Pierre-Karl Péladeau déclarait à qui voulait l'entendre qu'il était d'allégeance marxiste-léniniste. C'est durant cette même période de contestation qu'il décida d'orthographier son prénom avec un « K» comme dans «Karl Marx». Même devenu président de Quebecor, Pierre-Karl conserva l'orthographe qu'il avait adoptée durant l'adolescence. Inscrit en philosophie à l'UQAM, il s'intégra en dénigrant le capitalisme, prévenant ainsi les attaques de ses congénères qui eussent pu le qualifier de « gosse de riche ».

1. Communiste

Lors d'une fête organisée au prestigieux club Saint-Denis pour célébrer ses 18 ans, Pierre-Karl Péladeau fit un esclandre. Communiste et plus généralement révolté, il traita son père et ses invités de « bourgeois » avant de s'enfuir. Sa révolte dépassait largement la politique. À l'âge de 18 ans, Pierre-Karl ne vivait plus avec son père depuis la mort de sa mère survenue trois ans plus tôt. De plus, Pierre Péladeau s'était remarié quelques mois auparavant avec une jeune femme qui aurait pu être sa fille. En effet, Line Parisien avait 24 ans lorsqu'elle épousa le magnat de la presse. Pour une raison ou pour une autre, le jeune Pierre-Karl détestait Line Parisien, si bien qu'il la renverrait de Quebecor deux décennies plus tard, après avoir accédé à la présidence.

Après l'épisode du club Saint-Denis, Pierre-Karl fut en froid avec son père. Refusant toute aide financière, il partagea un petit appartement avec le fils de l'éditeur de *La Presse*. Il travaillait comme plongeur pour payer ses études et remplissait ses temps libres en distribuant des tracts du Parti communiste ouvrier. Après avoir obtenu un baccalauréat en philosophie de l'UQAM, à l'âge de 21 ans, il décida de poursuivre dans le même domaine à l'Université de Paris VIII, une institution reconnue pour ses tendances gauchistes.

Un an plus tard, Pierre Péladeau, qui voyageait régulièrement pour affaires, invita Pierre-Karl dans un restaurant parisien, où se serait opérée une réconciliation entre le père et le fils. Pierre-Karl avait alors 22 ans. Après cette rencontre, il abandonna la philosophie pour s'inscrire en droit à l'Université Panthéon-Assas Paris II. Appelé à travailler pour l'entreprise familiale, Pierre-Karl vint par la suite s'établir à Montréal, où il commença à travailler pour Quebecor à temps plein dès 1985, à l'âge de 24 ans. Parallèlement, il poursuivait ses études de droit à l'Université de Montréal et passa même le barreau; comme son père, il devint avocat après avoir étudié la philosophie.

2. Cadre chez Quebecor

Pierre-Karl entra en fonction en tant que conseiller au service des acquisitions de Quebecor le 23 septembre 1985. Malgré cette affectation, il se comportait davantage en propriétaire qu'en employé. Outrepassant les tâches associées à sa fonction officielle, il pouvait très bien appeler le directeur d'une usine parce qu'il n'était pas satisfait de son rendement. Non seulement Pierre-Karl n'avait plus rien contre son capitaliste de père, mais il devint son adjoint le 30 novembre 1987. À la même époque, il faisait ses armes dans les acquisitions en intégrant les équipes de négociation pour l'achat de Donohue en 1987, puis des imprimeries de BCE en 1988. Dès 1990, il dirigea l'acquisition des imprimeries Maxwell Graphics, qui propulsa Imprimeries Quebecor au rang des grands joueurs de l'industrie aux États-Unis.

Le 6 mars 1989, Pierre-Karl Péladeau fut nommé vice-président Opérations de Groupe Quebecor, l'entité sous laquelle étaient regroupées les activités d'édition de Quebecor. Deux ans plus tard, le 1er juillet 1991, il accédait au poste de président de Groupe Quebecor. Entre autres publications, l'emblématique *Journal de Montréal* faisait partie du groupe dont il était à la tête.

3. Lock-out

Lorsqu'en 1993, Pierre-Karl Péladeau décréta un lock-out au *Journal de Montréal*, il se révéla un négociateur plus coriace que son père l'avait été. D'autant plus tolérant envers les employés du *Journal de Montréal* qu'il avait lancé le quotidien durant la grève du concurrent *La Presse*, Pierre Péladeau avait consenti des salaires inimaginables, qui faisaient des journalistes du *Journal de Montréal* les journalistes les mieux payés en Amérique du Nord.

Syndiqués et bien au fait des profits générés par le quotidien, les employés du *Journal* avaient habilement fait valoir leur rapport de force… et remporté le gros lot. Pierre Péladeau, qui investissait par la même occasion dans de bonnes relations avec ses employés, fut par la suite réticent à leur imposer ses volontés. Dans un questionnaire[119] télécopié par un journaliste de *Canadian Business*, Pierre Péladeau écrivit toutefois qu'il aurait été plus dur avec les syndicats s'il avait pu revenir en arrière. Comme son père l'eût sans doute fait s'il avait plus tôt disposé des moyens techniques permettant de publier jour après jour un quotidien en grève, Pierre-Karl Péladeau se révéla impitoyable avec les syndicats.

À cause de la modernisation de l'imprimerie du *Journal de Montréal* en 1993, on devait congédier plusieurs conducteurs de presse. Pierre-Karl orchestra un lock-out, décidé à ne pas céder aux demandes des employés. Il avait installé des presses dans une usine ontarienne – où la loi québécoise sur les briseurs de grève ne s'appliquait pas – et avait envoyé des cadres en formation afin qu'ils puissent remplacer les pressiers. Barbelés et agents de sécurité entouraient l'usine de Cornwall qui allait prendre la relève de l'imprimerie du 4545 de la rue Frontenac.

Le syndicat des pressiers, les mêmes Teamsters qui avaient mis fin à l'expérience américaine de Pierre Péladeau à Philadelphie, n'y allèrent pas de main morte. Intimidation, vandalisme, pneus crevés ; leurs moyens de pression, souvent illégaux, augmentaient chaque jour en intensité. Contre vents et marées, Pierre-Karl gardait la tête froide, mais son père n'appréciait pas ses méthodes : « Un matin, il y avait eu une rafale de mitraillette à travers les fenêtres du deuxième étage. C'étaient les employés du *Journal de Montréal*. Quand M. Péladeau a vu ça, il a appelé Pierre-Karl. Il était question qu'il le mette dehors[120] », se rappelle Luc Desaulniers.

Pierre Péladeau acquiesça finalement aux demandes des pressiers et leur versa quelque 350 000 $ en compensation de leur départ. À Pierre-Karl Péladeau, il donna un billet d'avion et une fonction qui n'avait pas – encore – sa raison d'être : celle de président d'Imprimeries Quebecor Europe.

4. En Europe

Si la version courte de l'histoire indique que Pierre Péladeau s'était débarrassé de son fils en l'envoyant outre-mer, la version longue est un peu plus nuancée. Conspué par les employés du *Journal de Montréal*, Pierre-Karl Péladeau avait convenu qu'il serait mieux pour Quebecor qu'il prenne la relève de son frère Érik en Europe. Sa nomination était facilitée par sa fiancée d'alors, Isabelle Hervet, la fille d'un riche banquier français qu'il allait épouser quelques mois après son arrivée en France.

En effet, le frère aîné du clan Péladeau était l'auteur de la première acquisition d'importance en sol européen. Dès 1993, Érik Péladeau, en collaboration avec Charles Cavell, avait fait passer l'imprimerie française Fécomme sous la férule de Quebecor. De plus, il avait entrepris des discussions préliminaires avec le premier imprimeur de l'Hexagone, Jean Didier. Surnommé le pharaon de l'imprimerie, Jean Didier s'était fait ériger une pyramide en guise de siège social, où on avait aménagé un restaurant et un hôtel. Mettant entre autres sous presse *Paris-Match*, *Figaro magazine*, *L'Express* et *Marie-Claire*, il possédait des usines à la fine pointe de la technologie, dont le financement menaçait alors la viabilité de l'entreprise.

Avant l'arrivée de Pierre-Karl Péladeau en Europe, en février 1994, Quebecor annonça qu'elle prendrait une participation minoritaire dans Jean Didier, à hauteur de 49 %, pour 165 millions de francs. Érik Péladeau menait l'opération ; il ne partageait pas avec son père l'obsession du contrôle. Homme d'affaires prudent, Érik considérait que, dans un marché qu'on ne connaît pas, il vaut mieux avoir des partenaires locaux. Nommé P.-D.G. d'Imprimeries Quebecor le 29 avril 1994, Pierre-Karl renonça rapidement à l'option d'achat de 49 % sur Jean Didier qu'avait prise Quebecor lorsque son frère Érik était en sol européen.

Conscient de la précarité de l'entreprise, dont la survie dépendait hautement de l'investissement de Quebecor, Pierre-Karl reprit les négociations sur de nouvelles bases. Sans doute fut-il plus persuasif que son frère, car une entente de principe survint entre les deux parties en décembre 1994 : non seulement Quebecor rachetait 100 % des actions de Jean Didier, pour 200 millions de francs, mais il le faisait à l'issue de négociations multilatérales avec les 18 banques créancières de l'imprimeur français qui, plutôt que de s'exposer à une possible faillite du groupe de Jean Didier, avaient accepté de baisser leurs taux d'intérêt.

La conférence de presse confirmant la transaction entre Jean Didier et Quebecor, en février 1995, eut lieu à peine un mois après que Quebecor eut mis la main sur l'imprimeur britannique Hunterprint par l'entremise d'une offre d'achat hostile. À eux seuls, ces deux coups de filet expliquent la réputation d'habile négociateur qu'acquit Pierre-Karl Péladeau en Europe, mais le développement de Quebecor Europe ne s'arrêta pas là. Avant de revenir à Montréal lors de l'hospitalisation de son père, Pierre-Karl Péladeau négocia nombre d'acquisitions, dont celle de l'imprimeur Jacques Lopès en France.

5. Une prise de contrôle bien ficelée

« Quand Pierre est mort, relate Bernard Bujold, Jean Neveu avait dit à l'interne : " On va *groomer* Pierre-Karl pendant cinq ans, puis après ça, on va lui donner plus de responsabilités dans la compagnie. Pour le *groomer*, on va l'installer au quatrième avec les imprimeries. " En un an, il [Pierre-Karl Péladeau] a tassé Jean Neveu, il a tassé la vieille garde, puis a ramassé la présidence[121]. » Terme anglophone surtout utilisé dans le monde des affaires, le verbe *to groom* n'a pas d'équivalent français dans son sens figuré ; il signifie préparer un candidat pour une tâche ou un poste donné. Les cinq ans de purgatoire n'étaient pas une invention de Jean Neveu, mais bien une volonté qu'avait exprimée Pierre Péladeau à la revue *Commerce*[122]. Toutefois, depuis sa parution en

1992, cinq années d'incertitude sur la retraite prochaine de Pierre Péladeau s'étaient déjà écoulées. Pour Pierre-Karl, le purgatoire était définitivement chose du passé.

En 1998, Pierre-Karl ne retourna pas en Europe y présider les opérations d'Imprimeries Quebecor. Vice-président de Quebecor et vice-président exécutif d'Imprimeries Quebecor, il prit part aux négociations qui menèrent à l'acquisition de Sun Media en décembre 1998, tour de force qui fit de Quebecor la deuxième chaîne de journaux au Canada. Fort de ces victoires qu'on lui attribua personnellement, il gagnait la crédibilité dont il avait besoin pour accéder à la présidence du groupe sans ébranler la confiance de l'actionnariat.

Depuis les années 1990, les rumeurs allaient bon train ; on se demandait lequel des deux fils allait prendre la relève, mais de plus en plus, Pierre-Karl se mettait de l'avant avec la bénédiction de son frère Érik. On préparait le terrain. Érik Péladeau appuierait son frère cadet et, ainsi, lui permettrait d'accéder à la présidence du groupe en 1999. Même si on avait depuis un certain temps véhiculé l'idée selon laquelle Pierre-Karl Péladeau prendrait la tête de Quebecor, son sort ne se décida qu'après la mort de Pierre Péladeau. En effet, comme on l'a vu, plusieurs cadres de Quebecor auraient préféré que Pierre-Karl Péladeau patiente davantage. Plus conservateur que son frère, Érik Péladeau ne s'était pas pour autant laissé séduire par la « vieille garde » de Quebecor. Il voulait régler le sort de Quebecor en famille : « On s'est assis ensemble [avec Pierre-Karl], puis on a convenu qu'il ne pouvait pas y avoir deux capitaines dans un bateau et que lui prenait le *lead* et qu'il me faisait rapport, puis que les décisions majeures allaient être prises en consensus[123]. »

Quelques mois après son accession au pouvoir, Pierre-Karl Péladeau démontra son audace en faisant l'acquisition – par l'entremise d'Imprimeries Quebecor –, de la World Color Press, qui fit de la société rebaptisée Quebecor World le premier imprimeur commercial du monde. Rapidement, tous ceux qui avaient voulu *groomer* celui qu'on commençait à surnommer « PKP », prirent leur retraite, démissionnèrent ou, au mieux, se rallièrent au nouveau chef. Comme son père, Pierre-Karl régnerait sans partage, si bien qu'une multitude de conflits diviseraient le clan Péladeau.

Après avoir mené à bien des acquisitions parmi les plus grandes de l'histoire de Quebecor, Pierre-Karl Péladeau devint président de l'entreprise familiale. En février 1999, on annonça sa nomination à la présidence de Quebecor, décision qui fut entérinée par le conseil d'administration le 29 avril 1999, à l'issue de l'assemblée des actionnaires. Un peu plus d'un an après la mort de son père, Pierre-Karl Péladeau dirigeait l'empire, contredisant du même coup son père et les hauts dirigeants de Quebecor.

L'influent magazine économique *Forbes*, qui sortait des presses d'Imprimeries Quebecor aux États-Unis, consacra un article[124] au nouveau président de Quebecor. Intitulé « Angry son » [fils en colère], ce texte dressait le portrait d'un patron arrogant et dictatorial. Le magazine américain aux ambitions internationales décrivait Pierre-Karl comme un habile négociateur, mais aussi comme un patron incapable de garder ses cadres. Son entrée en poste fut en effet marquée par de nombreuses mises à pied. Cependant, l'article en question ne mentionnait pas que le père de Pierre-Karl était tout aussi impitoyable envers ses cadres… à la différence que le fils avait le courage d'annoncer la nouvelle en personne.

Comme son père, Pierre-Karl Péladeau regardait de près les allocations de dépenses de ses employés. Bien que Quebecor en comptât plus de 40 000 au moment de son entrée en poste, Pierre Karl Péladeau réussit, non sans accrochages, à imposer ses méthodes. Soucieux de se différencier de son père, auquel on l'avait toujours identifié, Pierre-Karl Péladeau avait pour ambition de changer le visage de Quebecor. Intransigeant, il n'y arriva pas sans accrocs avec ceux qui étaient en place.

CHAPITRE XXXIII

LES SŒURS PÉLADEAU

À la mort de Pierre Péladeau, trois de ses enfants occupaient des postes de haut niveau chez Quebecor. Outre les fils aînés, qui avaient hérité du pouvoir, Isabelle occupait, à la mort de son père, les postes de vice-présidente des Communications de Quebecor et de directrice générale de Publicor, la division des magazines à l'époque. De trois ans l'aînée de Pierre-Karl, Isabelle devait tenir de son aïeule Elmire, dans la mesure où elle dirigeait ses magazines avec autorité et, en affaires, pouvait se montrer intransigeante.

À la mort de la première épouse de Pierre Péladeau, la famille se dispersa. Anne-Marie, la plus jeune, fut la plus affectée. Sa grande sœur Isabelle la prit sous son aile. À la mort du père, c'est sous sa direction qu'elle travaillait chez Publicor. Isabelle comprenait d'autant plus sa sœur que, comme elle, elle avait connu des épisodes de toxicomanie auxquels elle avait toutefois su mettre un terme.

1. Le temps des magazines

Isabelle avait à peine 22 ans lorsque, en 1980, elle lança sa première publication : *Filles d'aujourd'hui*. Si Pierre Péladeau avait perdu son prodige de l'édition, Claude J. Charron, parce qu'il ne croyait pas à l'avenir des magazines, il trouva en sa fille aînée une talentueuse éditrice de ceux-ci. Lancer un magazine quand on est la fille de Pierre Péladeau ne relève pas de l'exploit, mais en faire le numéro un de la famille des magazines Quebecor en un temps record est plus qu'impressionnant. La jeune éditrice avait du flair et Pierre Péladeau lui laissa une certaine marge de manœuvre sur la rue Bates, à Outremont, où étaient situés les locaux des publications artistiques de Quebecor.

Après ce succès, elle lança et dirigea nombre de magazines, dont *Optimum Immobilier*, *Le Lundi*, *Clin d'œil* et *L'Essentiel*. Malgré les succès patents remportés par sa fille aînée, Pierre Péladeau ne se montrait jamais satisfait de son travail, insinuant que les publications qu'elle dirigeait eussent pu avoir des pages couvertures plus accrocheuses et un tirage plus élevé. Guy Fournier l'a même embauchée à TQS lorsqu'elle et son père ne pouvaient plus se parler : « J'ai connu intimement Isabelle, parce que je m'en suis occupé. C'est avec Isabelle que Pierre a eu le plus de misère. Il m'appelait toujours pour me consulter sur son comportement avec elle ou pour savoir ce qu'il avait fait de croche. Il me disait : " Va la voir, parce que moi, je vais la tuer[125]. " »

Alors qu'elle était éditrice du *Lundi*, Isabelle Péladeau tomba en dépression, succombant aux exigences d'un père jamais satisfait. Pourtant, incapable d'exprimer ses sentiments directement, Pierre Péladeau montrait à tous sa fierté d'avoir une fille aussi combative et appréciait assez le travail de sa fille aînée pour la nommer à la tête de Publicor, la division magazines de Quebecor.

À la mort de son père, Isabelle Péladeau, loin de quitter la barre de sa division, mit en branle un projet d'édition spéciale en hommage à l'homme d'affaires : *Hommage à un grand bâtisseur*[126]. Comportant un mot de Lucien Bouchard, l'album publié en format magazine comptait 85 pages et retraçait les principales étapes de la vie de Pierre Péladeau. Fidèle à la culture d'entreprise de Quebecor, l'album hommage dont Isabelle Péladeau était l'éditrice fut disponible en kiosque quelques semaines après le décès de Pierre Péladeau. Ce fut son dernier tour de force dans le giron de Quebecor.

2. Isabelle écartée

En septembre 1998, quelques mois après le décès de Pierre Péladeau, Isabelle fut écartée de son poste après une importante restructuration de Communications Quebecor orchestrée par son frère Érik. Ainsi, après la formation d'un secteur regroupant les magazines et les hebdomadaires régionaux, Isabelle Péladeau quittait l'entreprise familiale, avait-on expliqué aux médias, pour s'occuper de son nouveau-né. Sylvie Sauriol, qui jusque-là avait dirigé les hebdomadaires régionaux, prit la tête du nouveau secteur.

Dans le cadre d'un documentaire[127], Isabelle Péladeau avoua s'être sentie mise à l'écart. De 1998 à 2004, elle sombra dans un épisode dépressif dont elle se sortit en fondant les productions Hourra afin de créer un livre, *De bouche à oreille* – publié chez Trécarré, une maison de Quebecor –, et une émission diffusée par TVA. Si son départ presque forcé de Quebecor contribua à creuser le fossé qui divisait la famille Péladeau entre « gars » et « filles », elle oublia l'affront que lui firent subir ses frères. Comme Érik, elle laissait Pierre-Karl s'occuper de Quebecor et se concentrait sur sa petite entreprise dont elle était le « Pierre Péladeau ».

3. Anne-Marie, le canard boiteux du clan

Anne-Marie Péladeau, qui n'avait que 11 ans lorsque sa mère s'enleva la vie, eut pour modèle féminin une femme intoxiquée et suicidaire et pour modèle masculin, un véritable fantôme. Quant à ses frères Pierre-Karl et Érik, qui avaient respectivement 15 et 21 ans lors de la mort tragique de leur mère, s'ils avaient aussi vécu ce traumatisme, ils avaient du moins connu leur mère dans ses belles années, avant qu'elle soit dépressive. Anne-Marie, qu'on surnommait « la petite Anna » au sein de la famille, fut dès lors pratiquement élevée par sa sœur Isabelle, qui avait 18 ans à l'époque.

Les problèmes de dépendance d'Anne-Marie Péladeau auraient commencé l'année précédant la mort de sa mère, alors qu'elle n'avait que 10 ans[128]. S'étant très tôt rebellée face à l'autorité de son père, à l'instar de ses frères et sœurs, elle ne s'était ni réconciliée avec lui ni assagie avec le temps. Les Péladeau la considéraient, depuis ses premières incartades, comme le canard boiteux de la famille. Sa sœur Isabelle, qui avait longtemps été sa seule alliée au sein de la famille, s'en éloigna par la suite, désespérant de la voir se réhabiliter un jour et mettre un terme à sa consommation de drogue.

Toxicomane, mais surtout cocaïnomane, Anne-Marie fit une quantité phénoménale de cures de désintoxication. Imposées par son père, par ses frères ou par un juge, voire entreprises à son initiative personnelle, les cures qu'elle suivit successivement restèrent vaines.

Ses déboires, plus ou moins connus du grand public par les différentes poursuites qu'elle entreprit contre ses frères, occupèrent l'avant-scène médiatique en 2005, quand elle fut brutalisée par deux policiers après un vol à l'étalage et un délit de fuite. Ironie du sort, un hélicoptère du réseau TVA, filiale de Quebecor Media, filma la scène et la diffusa en exclusivité sur ses ondes. Toute la philosophie de Quebecor était là. Dans une situation équivalente, dans un autre conglomérat médiatique appartenant à des intérêts familiaux, les employés auraient tenté, sinon de camoufler la nouvelle, du moins de minimiser son importance par peur des représailles. Chez Quebecor, malgré les montées aux barricades d'intellectuels craignant que l'importance de Quebecor porte atteinte à la liberté de presse, aucune directive ni orientation politique ne prévalait. Dominer le marché demeurait l'unique et seule préoccupation des dirigeants de la filiale médiatique. Dans cette optique, ignorer, voire minimiser les déboires d'Anne-Marie Péladeau ne fut pas à l'ordre du jour de TVA ; c'eût été baisser la garde face aux chaînes concurrentes, contre lesquelles la chaîne de Quebecor Media livrait une guerre de tous les instants.

CHAPITRE XXXIV

ÉRIK

Au club Saint-Denis comme sur les terrains de golf, Érik Péladeau, affable, représentait en quelque sorte la famille auprès des gens d'affaires. Méconnu du grand public, l'aîné du clan Péladeau occupa toujours des fonctions de premier plan au sein de Quebecor, mais il laissa son frère cadet devenir numéro un. Son rêve de jeunesse était de faire entrer Quebecor dans la nouvelle économie, mais avant, il tenait à faire ses preuves en tant qu'entrepreneur.

1. Groupe Lelys

« Je travaillais pour mon père depuis près de quatre ans. Il avait très confiance en ses vice-présidents et moi, je voyais des choses à l'époque qui faisaient plus ou moins mon affaire. Ils [les vice-présidents] faisaient des choses pas très correctes et quand je faisais rapport à mon père, il refusait de m'écouter. Il disait : " Non, non, tu t'en fais pour rien. " Je me suis dit, j'ai un prénom, Érik, et je vais me prouver que je suis capable de faire quelque chose par moi-même[129]. » Érik Péladeau explique ainsi ce qui l'a amené à bâtir sa propre entreprise à l'âge de 29 ans.

À l'instar de Rémi Marcoux, Érik Péladeau profita d'une imprimerie au bord de la faillite pour se détacher de Quebecor et voler de ses propres ailes. L'occasion d'affaires se révéla à lui en 1984 lors d'une réunion du conseil d'administration de Quebecor, où il était observateur. Une vieille dame, veuve depuis peu, ne savait pas quoi faire de l'entreprise fondée par son mari, Lelys Imprimeur et Lithographe. L'imprimerie spécialisée dans l'impression d'étiquettes, située à Saint-Hubert, était alors au bord de la faillite. Le conseil d'administration de Quebecor n'avait aucun intérêt pour une imprimerie dont la spécialisation débordait du champ d'expertise de Quebecor.

« Le soir, je me suis couché là-dessus, et j'y ai vu une opportunité. Le lendemain, j'ai été voir mon père et il a tout de suite accepté de m'épauler dans cette acquisition[130]. » Pierre Péladeau prêta volontiers à son fils aîné les fonds nécessaires à l'acquisition et au redressement de la PME. En premier lieu, Érik Péladeau déménagea Lelys Imprimeur à Laval, puis acheta de nouvelles presses. Au fil des acquisitions, l'imprimerie fut rebaptisée Groupe Lelys et compta bientôt une deuxième usine dans la région de Toronto. Avec 150 employés et un chiffre d'affaires de 27 millions, Érik Péladeau possédait une quinzaine d'années plus tard un petit Quebecor bien à lui.

En entrant chez Groupe Lelys à Laval, la première chose qu'on pouvait apercevoir était un laminé illustrant feu Pierre Péladeau. Au contraire de son frère Pierre-Karl, Érik Péladeau aimait citer son père en exemple. Il n'avait jamais senti le besoin de s'en différencier et n'avait pas vécu la rivalité qui opposait Pierre Péladeau à son frère. Après la mort de Monsieur P., Érik Péladeau écrivit lui-même des lettres ouvertes aux journaux pour défendre la mémoire de son père ; c'est aussi lui qui fit publier, dans le *Journal de Montréal*, des pages en l'honneur du fondateur. Érik Péladeau avait réussi à convaincre son père qu'il redresserait Lelys, mais aussi que le multimédia était l'avenir des communications. Il avait su dompter le loup.

2. Quebecor Multimédia

Après s'être occupé à plein temps de son imprimerie d'étiquettes, Érik Péladeau réintégra Quebecor. Pour la première fois, il n'était pas un simple observateur, mais un membre en règle du conseil d'administration. Il apporta un premier ordinateur au 612 de la rue Saint-Jacques ; cependant, sa première journée au sein de l'entreprise familiale ne fut pas de bon augure : « Au retour de dîner, il s'est rendu compte qu'il s'était fait piquer son ordinateur[131] », se rappelle Luc Desaulniers, complice d'Érik Péladeau chez Imprimeries Quebecor. Si les employés appréciaient Érik Péladeau, on ne lui sentait pas la combativité d'un président.

Au siège social de Quebecor, l'ordinateur d'Érik Péladeau fut longtemps le seul à être branché à Internet. Sensibilisé aux hautes technologies par le vice-président Information et Technologie, Jean Lamontagne, il organisa dès 1993 des colloques sur les nouveaux médias partout aux États-Unis. Déjà, il portait le rêve de Quebecor Multimédia, une aventure dans laquelle il parvint à entraîner son père.

Réticent à l'idée d'investir dans une industrie dont il ne connaissait pas les tenants et aboutissants, Pierre Péladeau ne se laissa pourtant pas convaincre facilement. Érik Péladeau partageait avec lui les lectures qu'il faisait sur Bill Gates et Steve Jobs. Il tentait de lui faire voir le multimédia comme un contrepoids au phénomène mondial qu'était déjà la diminution des tirages : « Les quotidiens sont en déclin à l'échelle mondiale depuis 15 ans. Plus on avance dans le temps, plus ce déclin-là s'accentue. Les jeunes comme mes enfants ne sont pas portés à acheter un journal ; ils vont plutôt aller chercher l'information directement *online*[132]. »

Le discours du fils ne tomba pas dans l'oreille d'un sourd. Le père avait justement su tirer son épingle du jeu en reconnaissant un nouveau média. En effet, à la fin des années 1950, ses publications étaient parmi les seules de la presse écrite à couvrir la télévision. Alors que la presse y voyait une menace, Pierre Péladeau avait saisi la complémentarité de la télévision et de la presse. Il fallut toutefois attendre en 1994 pour que le fondateur de Quebecor donne pleinement raison à son fils.

Quebecor Multimédia fut alors incorporé. Jean Lamontagne en était le président ; Érik Péladeau, le président du conseil et chef de la direction. Après ce virage, Pierre Péladeau, alors âgé de 71 ans, commença même à suivre des cours particuliers en informatique : « Mon père était visionnaire. Un côté de lui ne connaissait pas ça, mais il était à l'écoute de ce que je lui exposais sur l'importance d'investir dans le multimédia. Il en a parlé à ses conseillers, puis il m'a donné carte blanche[133]. »

L'une des premières initiatives de la jeune société fut la mise en ligne du *Journal de Montréal* en 1996. Un an plus tard, Quebecor Multimédia élargit l'offre en créant TotalPress, rebaptisé par la suite Passerelle de presse internationale. Le site donnait notamment accès aux versions PDF des quotidiens *Le Monde*, *Libération* et *La Stampa* : « L'idée est venue de Jean [Lamontagne] qui visait le marché des communautés ethniques. L'Italien, à Montréal, qui voulait garder un lien avec Rome, pouvait s'abonner et, chaque matin, consulter son quotidien à partir de chez lui[134]. »

Cependant, chaque page devant être téléchargée individuellement, la lecture en ligne d'un quotidien était plutôt ardue. L'expérience ne survécut pas à sa deuxième année. L'entreprise créée pour la promouvoir, I-cor, ferma ses portes en septembre 1997, soit trois mois avant la mort de Pierre Péladeau. Selon Érik Péladeau, ce sont les frictions internes qui eurent raison du projet : « Au-delà des difficultés techniques, la plus grande résistance que j'ai connue venait de l'interne : l'éditeur du *Journal de Montréal* voyait la version PDF comme une menace à sa version papier[135]. »

3. Internet

Enthousiaste malgré les échecs essuyés dans les premières années, Érik Péladeau ouvrit un café Internet nommé Cyber-Bistro. Fréquenté par les employés du siège social de Quebecor durant l'heure du lunch, le café n'appartenait pas à Quebecor, mais bien à Érik Péladeau. Comptant une douzaine d'ordinateurs branchés à Internet, le Cyber-Bistro vendait aussi des CD, des CD-ROM et des DVD.

Après la fermeture d'I-cor, Quebecor Multimédia amalgama des acquisitions œuvrant principalement dans deux secteurs : le CD-ROM et Internet. Ayant acquis des éditeurs, un fabricant et un distributeur de CD-ROM, Quebecor Multimédia était, dans les années 1990, un acteur de premier plan dans ce secteur d'activité. L'entreprise se départit par la suite de ce secteur pour se recentrer sur ses activités principales.

La conception de sites Internet, par contre, s'intégrait mieux au groupe dont la principale activité était l'imprimerie. Un partenariat avec Imprimeries Quebecor permettait aux différentes entités de Quebecor Multimédia de décrocher des contrats pour la mise en ligne des catalogues imprimés par le géant de l'imprimerie.

4. Canoë

En 1998, Quebecor acheta Sun Media. Outre le réseau de tabloïds dont il disposait dans les grandes villes canadiennes, Sun Media possédait une participation majoritaire dans Canoë, le portail Internet le plus populaire du Canada anglais.

L'ampleur de l'acquisition força toutes les divisions de Quebecor à se restructurer. Quebecor Multimédia disparut alors pour laisser la place à Quebecor Nouveau Média, qui intégrait notamment Canoë. Présidée par Pierre-Karl Péladeau, la nouvelle entité comportait une incongruité : l'absence d'Érik Péladeau qui, depuis 1994, n'avait cessé d'occuper un rôle de premier plan dans le virage multimédia de Quebecor.

Pourquoi Érik Péladeau n'occupait-il pas à tout le moins une vice-présidence au sein de Quebecor Nouveau Média ? Après un long silence, Érik Péladeau répondit avec diplomatie lors d'une entrevue privée : « C'est une bonne question, ça. Dans une entreprise familiale, tu peux pas avoir deux capitaines dans le même bateau. Il faut que tu t'entendes sur qui sera le capitaine et que tu le laisses aller pour autant qu'il donne l'heure juste. Afin d'éviter un désaccord avec mon frère, je me suis simplement retiré[136]. » Luc Desaulniers se rappelle cette période : « En 1998-1999, quelque temps après l'acquisition de Sun Media, ça ne lui tentait plus. Il [Érik Péladeau] voulait se retirer[137]. »

Quebecor tenta alors d'exporter le succès dont jouissait Canoë au Canada anglais en adaptant son modèle au Québec, à la France et à l'Espagne. Si Canoe.qc.ca prospère encore aujourd'hui, les autres versions ne survécurent pas : « On a fait une tentative, mais ça décollait pas, explique Érik Péladeau. Mon père disait souvent : *"Don't throw good money over bad money."* Ça veut dire que si tu vois que ça décolle pas, insiste pas. Retire-toi avant d'engouffrer trop d'argent, et surtout, concentre-toi dans ce dans quoi tu es bon[138]. »

5. Nurun

Après la restructuration qui fit suite à l'acquisition de Sun Media, tout ce qui s'adressait directement au public – Canoë, la Toile du Québec et les sites de petites annonces – fut regroupé au sein de Quebecor Media. Tout ce qui était service informatique aux entreprises se retrouvait chez Nurun, une société publique dont Quebecor Media était l'actionnaire majoritaire.

Dès 1995, Quebecor Multimédia mettait la main sur le noyau de ce qui allait devenir Nurun : Intellia. Comptant parmi ses clients Bombardier, Labatt Bleue et Radio-Canada, elle ne cessa de croître jusqu'à son acquisition par Informission, une autre entité de Quebecor Multimédia. La nouvelle entreprise changea de nom en 2000 pour celui de Nurun qui, d'une certaine manière, remplaça Quebecor Nouveau Média.

Deuxième imprimeur dans le monde, Quebecor World accumulait pourtant les déficits de trimestre en trimestre. La gestion n'était pas en cause, mais simplement l'affaissement progressif du marché de l'imprimé. Si la taille de Nurun était très modeste en 2007, son bilan financier était de loin le plus prometteur de toutes les filiales de Quebecor inscrites en Bourse. Les médias changeaient, mais le géant québécois dont la fin fut prédite par tant d'analystes ne s'écroulait pas. Pierre Péladeau disait d'ailleurs : « En ce temps de modernité, la technologie t'oblige à t'adapter très vite si tu veux rester dans la course[139]. »

CHAPITRE XXXV

LA NOUVELLE ÉCONOMIE

« La liberté de presse appartient à ceux qui en ont une. » Traduction libre de la célèbre citation[140] d'Abbott Joseph Liebling, ces mots illustrent bien la pensée du début du vingtième siècle, qui voulait que tout quotidien d'importance se munisse de ses propres presses. La tendance s'est inversée à partir des années 1960 jusqu'à nos jours. Les entreprises de presse se départirent de leurs imprimeries à un rythme qui allait en accélérant, pour faire imprimer leurs quotidiens à contrat.

Parmi les presses de Quebecor World, très peu furent conçues pour imprimer sur le papier journal. Quebecor World imprime surtout des magazines, des encarts publicitaires et des livres. Tandis que le tirage des quotidiens est partout dans le monde en chute libre, le tirage des magazines s'affaisse aussi, mais dans une moindre mesure que celui des quotidiens, et le marché du livre accuse une croissance lente mais soutenue.

Le glissement des recettes publicitaires des médias imprimés vers Internet n'a pas épargné la filiale des imprimeries, Quebecor

World. Bien que plus profitable, la filiale média de l'entreprise, Quebecor Media – éditeur de magazines comme de quotidiens –, a tout autant souffert de ce glissement. Sans l'acquisition de Vidéotron, les résultats financiers de Quebecor Media seraient d'ailleurs beaucoup moins reluisants qu'ils le sont aujourd'hui.

1. Vidéotron

Tout commença le 7 février 2000, lorsque le président de Groupe Vidéotron, Claude Chagnon, annonça conjointement avec son homologue de Communications Rogers, Ted Rogers, la vente de Vidéotron. La Caisse de dépôt et placement du Québec avait sur Vidéotron un droit de veto en cas de vente, si bien que six jours après l'annonce, son président rappela que la vente de Vidéotron à Rogers n'était pas chose faite. La Caisse de dépôt, qui était déjà un important actionnaire de Quebecor, entra en communication avec Pierre-Karl Péladeau qui, au cours des deux années précédentes, avait fait des acquisitions qui dépassaient les trois milliards de dollars.

Avide de croissance et conscient du ralentissement du secteur de l'imprimé, Pierre-Karl Péladeau avait même suivi les traces de son frère Érik en prenant la tête de Quebecor Nouveau Média en 1998. Voyant dans l'acquisition de Vidéotron une chance inespérée d'appliquer, à plus petite échelle, le modèle de convergence popularisé par Time-Warner-AOL, Pierre-Karl Péladeau se lança dans la course de plain-pied. La Caisse de dépôt obtint une injonction sur la transaction entre Vidéotron et Rogers, le temps de préparer son offre.

Finalement, Quebecor et la Caisse de dépôt présentèrent aux actionnaires de Vidéotron un montage financier totalisant 5,4 milliards de dollars. Les actionnaires de Vidéotron l'acceptèrent avec empressement. Vidéotron, y compris sa filiale TVA, ferait dorénavant partie d'une nouvelle entité formée pour l'accueillir. Société publique dont la Caisse de dépôt détiendrait près de la moitié des actions, Quebecor Media abriterait dorénavant le câblodistributeur Vidéotron, la première chaîne de télévision au Québec – TVA –, le premier éditeur de magazines au Québec – les Publications TVA –, deux des plus grands quotidiens, des hebdos régionaux et des maisons d'édition.

Durant la période de transition, Quebecor possédait aussi le deuxième télédiffuseur privé du Québec, TQS, dont Quebecor dut se départir en raison des directives du CRTC, l'organisme fédéral ayant pour mandat de limiter la concentration des médias diffusant sur les ondes publiques. Ironiquement, TQS ayant alors emménagé au 612 de la rue Saint-Jacques, le concurrent de TVA était condamné à cohabiter, bail oblige, pendant près de 30 ans au sein même du siège social de Quebecor.

Le saut de Quebecor dans une industrie qui n'était pas la sienne de même que l'endettement élevé de l'entreprise ne furent pas sans susciter les critiques. La même année, Quebecor céda le contrôle de Donohue à Abitibi Consolidated, ce qui avait pour conséquence de détruire un pan de la mythique intégration verticale de Quebecor. Au début des années 2000, la crise que vécurent les géants des télécommunications affecta Vidéotron et, par la bande, l'action de Quebecor Média. Quelques années de purgatoire donnèrent raison au geste de Pierre-Karl Péladeau : les profits de Vidéotron s'accroissaient à mesure que les revenus de tirage des médias imprimés périclitaient. Le nombre d'abonnés aux services d'accès Internet Vidéotron explosa, tandis que Vidéotron se lançait avec un succès fulgurant dans la téléphonie résidentielle, puis cellulaire.

2. L'information gratuite

Bien que, sur le plan mondial, Quebecor soit surtout un imprimeur, il est sur le marché canadien un important joueur dans la presse écrite. Il est en fait le numéro deux depuis l'achat de Sun Media, la première position étant occupée par CanWest Global, qui a racheté à Hollinger-Southam ses principaux journaux canadiens. Avec ses nombreuses chaînes de télévision et tous ses quotidiens, CanWest est de loin le plus important conglomérat médiatique au Canada. Cependant, Quebecor a deux atouts majeurs pour assurer sa pérennité dans l'industrie des médias : d'abord, il comprend Canoë, qui est le plus important portail Internet de propriété canadienne et le quatrième réseau le plus visité au Québec après Google, Yahoo et MSN[141] et, deuxièmement, Quebecor a parmi ses actifs la seule chaîne de quotidiens gratuits dont le siège social se situe au Canada.

Le quotidien gratuit, espèce inconnue jusqu'alors, fit son apparition à Stockholm, en Suède, le 13 février 1995. Racheté par Jan Stenbeck, un financier notamment propriétaire de réseaux de télévision en Europe, le quotidien gratuit s'implanta avec succès à Stockholm. En fondant la société Modern Times Group – qui deviendrait Metro International –, le baron du Nord avait pour ambition de devenir un homme d'affaires de réputation mondiale, à l'instar d'un Rupert Murdoch. Il lança des quotidiens *Metro* dans les métropoles des pays limitrophes, puis en France, en Espagne, en Grèce, aux États-Unis, à Hong Kong… Au moment d'écrire ces lignes, Metro International publiait quelque 65 éditions dans 20 pays différents.

Le lancement du quotidien *Métro* à Montréal fut ourdi dans le plus grand secret, si bien que la veille du lancement, les livreurs du quotidien ne savaient même pas ce qu'ils distribueraient le lendemain matin. La société mère de *Métro* agissait ainsi avec raison, puisqu'en 2000, ayant eu vent du lancement de *Metro*, Quebecor lui avait coupé l'herbe sous le pied en lançant son propre quotidien gratuit à Toronto trois jours avant. *FYI Toronto* de Quebecor fut ainsi le premier quotidien gratuit de la Ville Reine, suivi par *Metro*, qui fut lancé le même jour qu'un troisième quotidien gratuit, *GTA Today*, lancé celui-là par l'éditeur du Toronto Star et revendu par la suite à Metro, qui le ferma aussitôt pour laisser le champ libre à son propre journal gratuit.

À la surprise générale, le 1er mars 2001, apparaissait ainsi dans le métro de Montréal le deuxième quotidien *Métro* au

Canada. L'édition montréalaise de *Métro* fut lancée en association avec Transcontinental[142] puisque, à cause des lois canadiennes sur la propriété de presse, une société étrangère telle que Metro International ne pouvait pas avoir le contrôle d'un quotidien au Canada. À Montréal, c'est grâce à une participation de 75 % de Transcontinental que *Métro* put voir le jour. Éternel concurrent de Quebecor dans le secteur des imprimeries, voilà que Transcontinental, qui imprimait déjà *La Presse*, lançait un quotidien dans le marché dominé par le *Journal de Montréal*. Quebecor ne pouvait en aucun cas laisser passer une telle offensive.

Quelque 11 jours après le lancement de *Métro* à Montréal, soit le 12 mars 2001, Quebecor lançait le quotidien gratuit *Montréal Métropolitain* en guise de réplique. Bien qu'on étudiât la possibilité de lancer un quotidien du métro chez Quebecor, la mise en place d'un quotidien en moins de deux semaines n'était rien de moins qu'un tour de force. Près de 40 ans après que Pierre Péladeau eut lancé son *Journal de Montréal* en une fin de semaine, Quebecor avait toujours pour atout une grande flexibilité. Encore au vingt et unième siècle, Quebecor demeurait cette entreprise prédatrice qui ne partageait le contrôle à aucun prix. La culture d'entreprise de Quebecor était en quelque sorte le testament de Pierre Péladeau qui, de son vivant, voulait le contrôle et le contrôle absolu dans tout ce qu'il entreprenait. C'est la raison pour laquelle Quebecor préféra créer sa propre bannière de journaux gratuits plutôt que de composer avec un actionnaire tel que Metro International.

En Europe, la chaîne *20 minutes*, avec ses 30 éditions, talonnait Metro dans les marchés importants. Imprimé par Quebecor dès son lancement à Paris en mars 2002, *20 minutes* inspira fortement la société appartenant aux Péladeau pour la refonte de ses quotidiens gratuits. Les noms, les maquettes : tout indiquait que la ressemblance entre *20 minutes* et *24 heures*, le nouveau quotidien gratuit de Quebecor, n'était pas le fruit du hasard.

3. La vision en héritage

En 1950, Pierre Péladeau avait eu l'intuition de développer un concours de beauté autour du *Journal de Rosemont* à l'instar du journal *Radio-Monde*; il s'était aussi fortement inspiré des tabloïds d'Angleterre pour lancer le *Journal de Montréal* en 1964. Les lancements d'une chaîne de quotidiens gratuits et de portails Internet s'inscrivaient dans la tradition de Quebecor, œuvre à laquelle Pierre Péladeau avait tout sacrifié. Le « testament au milieu des affaires » de Pierre Péladeau résidait tout entier dans cette culture d'entreprise : celle du plus fort et du plus rapide.

Prompte plus que toute autre à sauter sur une occasion d'affaires, la société Quebecor d'aujourd'hui n'est pas dirigée par des bureaucrates hantés par les risques, mais par des hommes – et quelques femmes – dont le dénominateur commun est la soif de pouvoir. On craint sa puissance, car Quebecor garde cette aura de mauvais garçon qu'a su lui insuffler Pierre Péladeau. Derrière son glacis de grande société, Quebecor témoigne de la volonté de fer d'un homme écorché très tôt par la vie, et de sa victoire.

L'humiliation inadmissible subie par son père ne disparut jamais des pensées du tourmenté Pierre Péladeau. Quebecor, dès sa naissance, fut ainsi condamné à croître à un rythme insoutenable. Pierre-Karl Péladeau hérita quant à lui de l'ombre d'un père qui, plus que tout autre, avait réussi.

Contrairement à ses sœurs qui, chacune à sa manière, s'efforce tant bien que mal de se frayer un chemin à l'extérieur de Quebecor, Pierre-Karl Péladeau marche en quelque sorte dans les traces du défunt fondateur du *Journal de Montréal*... tout en essayant d'en sortir. Ses frères peuvent à juste titre spéculer sur ce qu'ils feront une fois à la tête de Quebecor, se demander s'ils seront à la hauteur. Entre-temps, Pierre-Karl Péladeau tente de faire mieux que son père. Son pari est aussi risqué que celui qu'avait relevé le petit dernier d'une famille ruinée un demi-siècle plus tôt.

Montréal, le 15 mars 2007

NOTES

1. Gilles Lajoie, « Le testament de Pierre Péladeau », *Commerce*, février 1996, p. 9.
2. Plus exactement 1 110 000 $, selon le calcul de Pierre Fortin, économiste à l'Université du Québec à Montréal.
3. « La situation ouvrière pendant l'année 1923 », *La Presse*, 7 janvier 1924, p. 4.
4. Jean Côté, *Le vrai visage de Pierre Péladeau*, Outremont, les Éditions internationales Alain Stanké, 2003, p. 28.
5. Jacques Michon, *Fides, la grande aventure éditoriale du père Paul-Aimé Martin*, Montréal, Fides, 1998, p. 47.
6. Pierre Maisonneuve, *Jouer pour gagner*, Outremont, les Éditions Quebecor, 1998, p. 49-50.
7. Paul Désormiers, *La vérité sur les débuts de la fortune de Péladeau*, Montréal, les éditions Paul Désormiers, 1987, 162 p.
8. Pierre Maisonneuve, *Jouer pour gagner*, Outremont, les Éditions Quebecor, 1998, p. 48.
9. *Ibid.*, p. 49.
10. Bruno Carrière, réalisateur, *Qui étiez-vous Monsieur P ?*, les productions Sovimage, 1998, 80 minutes.
11. Colette Chabot, *Péladeau*, Montréal, les Éditions Libre Expression, 1986, p. 226.

12. *Scully rencontre Pierre Péladeau*, Société Radio-Canada, 1990, animateur Robert G. Scully, 32 minutes.
13. Bernard Landry, « Dixième anniversaire du référendum de 1995 – Une génération... et demie », *Le Devoir*, 29 octobre 2005, p. b5.
14. Entrevue avec Guy Fournier, 28 mars 2007.
15. *Scully rencontre Pierre Péladeau*, Société Radio-Canada, 1990.
16. Colette Chabot, *Péladeau*, Montréal, les Éditions Libre Expression, 1986, p. 57.
17. Jean Côté et Gisèle Fortin, *K.I.S.S. Propos et citations de Pierre Péladeau*, Outremont, les Éditions Quebecor, 2006, p. 38-39.
18. Entrevue avec Érik Péladeau, 4 mai 2006.
19. Christopher Palmeri, « Nietzsche's out, God's in », *Forbes*, 10 décembre 1990, p. 40.
20. Christophe Huss, « Concert – devant l'œuvre d'André Mathieu », *Le Devoir*, 11 et 12 octobre 2003.
21. « André Mathieu dans une longue tournée à travers [sic] la province », *Photo-Journal*, 28 juillet 1949, p. 41.
22. Pierre Maisonneuve, *Jouer pour gagner*, Outremont, les Éditions Quebecor, 1998, p. 47.
23. « André Mathieu dans une longue tournée à travers [sic] la province », *Photo-Journal*, 28 juillet 1949, p. 41.
24. « André Mathieu à Val d'Or le 27 et à Amos les 29 et 30 juillet », *La Gazette du Nord*, 21 juillet 1949, p. 10.
25. Lettres de Rodolphe Mathieu à Pierre Péladeau, fonds Famille Mathieu, MUS 165/A2,15 Box1, BAC.
26. Pierre Maisonneuve, *Jouer pour gagner*, Outremont, les Éditions Quebecor, 1998, p. 75.
27. Conférence donnée le 30 mars 1993, Chambre de commerce de Montréal, archives personnelles de Bernard Bujold.
28. Bruno Carrière, réalisateur, *Qui étiez-vous Monsieur P ?*, les productions Sovimage, 1998, 80 minutes.
29. « Notre Nouvelle Miss Rosemont 1957 », *Journal de Rosemont*, 20 juin 1957, p.1.
30. « Rosemont acclame Monique Première », *Journal de Rosemont*, 27 juin 1957, p.1.
31. Entrevue avec Yolande Coallier, 23 mai 2007.
32. *Ibid.*
33. Charles-Albert Poissant, *Réussir. Programmer son succès*, Montréal, les Éditions Logiques, 2007, p. 214.
34. Pierre Maisonneuve, *Jouer pour gagner*, Outremont, les Éditions Quebecor, 1998, p. 62.
35. *Ibid.*, p. 61.

36. Bruno Carrière, réalisateur, *Qui étiez-vous Monsieur P ?*, les productions Sovimage, 1998, 80 minutes.
37. Colette Chabot, *Péladeau*, Montréal, les Éditions Libre Expression, 1986, p. 160.
38. Conférence donnée le 26 septembre 1997, au Palace de Laval, archives personnelles de Bernard Bujold.
39. Paul Désormiers, *La vérité sur les débuts de la fortune de Péladeau*, Montréal, les éditions Paul Désormiers, 1987, 162 p.
40. P. 169, *factum*.
41. L'un de ses avocats de l'époque, Claude Violette, affirme que le livre de Paul Désormiers ne contient pas de faussetés concernant le déroulement du procès dont il est ici question.
42. Jean Côté et Gisèle Fortin, *K.I.S.S. Propos et citations de Pierre Péladeau*, Outremont, les Éditions Quebecor, 2006, p. 45.
43. Pierre Maisonneuve, *Jouer pour gagner*, Outremont, les Éditions Quebecor, 1998, p. 73.
44. *Ibid.*, p. 73.
45. Cyrille Felteau, *Histoire de La Presse, tome II, Le plus grand quotidien français d'Amérique, 1916-1984*, Montréal, les Éditions La Presse, 1983, p. 198.
46. Jean Côté, *Le vrai visage de Pierre Péladeau*, Outremont, les Éditions internationales Alain Stanké, 2003, p. 90.
47. Jacques Beauchamp, *Le sport c'est ma vie*, Outremont, les Éditions Quebecor, 1979, p. 56.
48. Denise Faille, journaliste, *Présent édition métropolitaine*, première chaîne de Radio-Canada, 29 décembre 1978, 25 minutes 29 secondes.
49. Cyrille Felteau, *Histoire de La Presse, tome II, 1916-1984*, Montréal, les Éditions La Presse, 1983, p. 223.
50. *Ibid.*
51. Denise Faille, journaliste, *Présent édition métropolitaine*, première chaîne de Radio-Canada, 29 décembre 1978, 25 minutes 29 secondes.
52. Jean-Denis Lamoureux, Cahier spécial 10e anniversaire du *Journal de Québec*, *Journal de Québec*, 8 mars 1977.
53. Charles-Albert Poissant, *Réussir. Programmer son succès*, Montréal, les Éditions Logiques, 2007, p. 225.
54. « Quebecor Initial Public Offering », *Wall Street Journal*, 11 août 1972, p. 15.
55. Entrevue avec Colette Chabot, 7 mai 2007.
56. Jean-Pierre Bélanger, *Solange Harvey. Quand il ne reste que l'amour*, Outremont, les Éditions Publistar, 2004, p. 183.
57. Colette Chabot, *Péladeau*, Montréal, les Éditions Libre Expression, 1986, p. 213-214.
58. Patricia Pitcher, *Artistes, artisans et technocrates dans nos organisations*, Montréal, Québec Amérique, coll. Presses HEC, 1992, p. 61.

59. Jean Côté, *Jean-Marc Brunet. La force et la santé*, Boucherville, les Éditions de Mortagne, 1982, p. 362.
60. Colette Chabot, *Péladeau*, Montréal, les Éditions Libre Expression, 1986, p. 212.
61. « La femme idéale vue par... Pierre Péladeau. Place aux spécialistes », *Châtelaine*, juin 1986, p. 39.
62. Bruno Carrière, réalisateur, *Qui étiez-vous Monsieur P ?*, les productions Sovimage, 1998, 80 minutes.
63. Maisonneuve, Pierre, *Jouer pour gagner*, les Éditions Quebecor, Outremont, 1998, p. 179.
64. Danielle Ouimet, 15 mai 2007.
65. Danielle Ouimet, 15 mai 2007.
66. Michèle Boisvert, « Rémi Marcoux ne croit pas au succès instantané », *La Presse*, cahier Affaires, 9 juin 2003, p. D1.
67. Jean-Pierre Bélanger, *Solange Harvey. Quand il ne reste que l'amour*, Outremont, les Éditions Publistar, 2004, p. 203.
68. Entrevue avec Érik Péladeau, 4 mai 2006.
69. Selon une entrevue avec Colette Chabot, 7 mai 2007.
70. Entrevue avec André Bachand, 2 février 2007.
71. « La femme idéale vue par... Pierre Péladeau. Place aux spécialistes », *Châtelaine*, juin 1986, p. 39.
72. Jean Côté et Gisèle Fortin, *K.I.S.S. Propos et citations de Pierre Péladeau*, les Éditions Quebecor, Outremont, 2006, p. 26.
73. Michel Girouard, « Ivana Trump retrouve Montréal... Pierre Péladeau m'annonce son mariage », *Allo Vedettes*, 27 novembre 1993, p. 13.
74. Lettre de Manon Blanchette à Pierre Péladeau, Palais de justice de Montréal.
75. Jacques Beauchamp, *Le sport c'est ma vie*, Montréal, les Éditions Quebecor, 1979, p. 65.
76. Entrevue avec Érik Péladeau, 4 mai 2006.
77. Catherine Saguès, Marc Cassini, Jim Hynes, Rob Labelle et Rob Lutes, *Quebecor : A living History*, Montréal, St. Remy Media, 2002, p. 91.
78. Charles-Albert Poissant, *Donohue. L'histoire d'un grand succès québécois*, Montréal, Québec Amérique, p. 214.
79. « Peladeau's Quebecor Inc. is one of the most vertically integrated communications outfits in the world.» Christopher Palmeri, «Nietzsche's out, God's in», *Forbes*, 10 décembre 1990, p. 40.
80. Archives personnelles de Bernard Bujold.
81. Gordon Thomas et Martin Dillon, *Robert Maxwell, Israel's Superspy. The Life and Murder of a Media Mogul,* New York, Carroll & Graf Publishers, 448 p.
82. Presse canadienne, « *Super-Hebdo* ne ferme pas », *La Presse*, 23 janvier 1990, p. B8.

83. Laurier Cloutier, « Les hauts et les bas d'un président », *La Presse*, 10 septembre 1991, p. D2.
84. Entrevue avec Guy Fournier, 28 mars 2007.
85. Bureau de la publicité des droits, 16 juin 2005.
86. Danielle Ouimet, *Si c'était à refaire…*, Outrement, les Éditions Publistar, 2005, p. 436.
87. Entrevue avec Pierre Jasmin, 27 avril 2007.
88. *Ibid.*
89. Jean Blouin, « Péladeau tout craché », *L'actualité*, 15 avril 1990, p. 48.
90. Suzanne Colpron, «Pour éviter la "bisbille", le Salon de la Femme retire son invitation à [Pierre] Péladeau», *La Presse*, 24 avril 1990, p. A13.
91. Entrevue avec Érik Péladeau, 4 mai 2006.
92. Entrevue avec André Bachand, 2 février 2007.
93. Entrevue avec André Bachand, 2 février 2007.
94. Ghila Benesty Sroka, « Péladeau à nu », *Tribune juive*, juillet-août 1990, p. 6.
95. Michael Crelinsten, « Le CJC, région du Québec et la communauté sépharade acceptent les excuses de Pierre Péladeau », 27 avril 1990.
96. Entrevue avec André Bachand, 2 février 2007.
97. Entrevue avec Bernard Bujold, 30 mai 2006.
98. Entrevue avec Pierre Jasmin, 27 avril 2007.
99. Jeanne Gagnon, *Notes d'espoir d'un « joueur de piano ». Pierre Jasmin se raconte à Jeanne Gagnon*, Montréal, Triptyque, 2006, p. 61.
100. Entrevue avec Pierre Jasmin, 27 avril 2007.
101. *Ibid.*
102. Madeleine Poulin, présentatrice, *Les héritiers du 4e pouvoir. Les Péladeau, Points-média*, Société Radio-Canada, 1994, 27 minutes.
103. Laurier Cloutier, « Quebecor négocie avec [Transcontinental] GTC », *La Presse*, cahier Économie, 15 juillet 1988, p. A8.
104. Bernard Bujold, *Pierre Péladeau cet inconnu*, Montréal, Trait d'union, 2003, p. 191.
105. Luc Chartrand, « Péladeau 2 », *L'actualité*, 1er mai 1999, p. 64.
106. « L'après-Pierre Péladeau », *Commerce*, septembre 1992, p. 22.
107. Entrevue avec Bernard Bujold, 30 mai 2006.
108. *Ibid.*
109. Entrevue avec Guy Fournier, 28 mars 2007.
110. *Ibid.*
111. « Pierre Péladeau dans le coma », *Journal de Montréal*, 3 décembre 1997, p. 3.
112. Entrevue avec Érik Péladeau, 4 mai 2006.
113. *Ibid.*
114. Bruno Carrière, réalisateur, *Qui étiez-vous Monsieur P ?*, les productions Sovimage, 1998, 80 minutes.

115. Diane Bérard, « Quebecor : Au diable les ragots ! », *Commerce*, octobre 1999, p. 22.
116. Jennifer Wells, « Peladeau's powerplay », *Maclean' s*, 5 août 1996, p. 38 à 40.
117. Entrevue avec Érik Péladeau, 4 mai 2006.
118. Diane Francis, « Readers support tough stance against Quebec separatists », *Financial Post*, 4 juillet 1996, p. 17.
119. Archives personnelles de Bernard Bujold.
120. Entrevue avec Luc Desaulniers, 3 juillet 2006.
121. Entrevue avec Bernard Bujold, 30 mai 2006.
122. « L'après-Pierre Péladeau », *Commerce*, septembre 1992, p. 22 à 24.
123. Entrevue avec Érik Péladeau, 4 mai 2006.
124. Bernard Condon, « Angry Son », *Forbes*, 19 avril 1999 [en ligne].
125. Entrevue avec Guy Fournier, 28 mars 2007.
126. Isabelle Péladeau, *Hommage à un grand bâtisseur, Pierre Péladeau*, Outremont, Publicor, 1998, 85 p.
127. Bruno Carrière, réalisateur, *Qui étiez-vous Monsieur P ?*, les productions Sovimage, 1998, 80 minutes.
128. Manon Lacroix, « Le drame amoureux d'Anne-Marie Péladeau », *La Semaine*, 1er juillet 2006, p. 14.
129. Entrevue avec Érik Péladeau, 4 mai 2006.
130. *Ibid.*
131. Entrevue avec Luc Desaulniers, 3 juillet 2006.
132. Entrevue avec Érik Péladeau, 4 mai 2006.
133. *Ibid.*
134. *Ibid.*
135. *Ibid.*
136. *Ibid.*
137. Entrevue avec Luc Desaulniers, 3 juillet 2006.
138. Entrevue avec Érik Péladeau, 4 mai 2006.
139. Jean Côté et Gisèle Fortin, *K.I.S.S. Propos et citations de Pierre Péladeau*, Outrement, les Éditions Quebecor, 2006, p. 86.
140. « *Freedom of the press is guaranteed only to those who own one.* »
141. comScore Media Metrix, février 2007, all locations – Québec.
142. Et, dans une moindre mesure, Gesca, filiale médiatique de Power Corporation, qui publie notamment le quotidien *La Presse*.

BIBLIOGRAPHIE

Livres

BEAUCHAMP, Jacques, *Le sport c'est ma vie*, Montréal, les Éditions Quebecor, 1979, 254 p.

BEAULIEU, André, Jean Boucher, Jacqueline Dufresne, Jean Hamelin, Virginie Jamet, Gérard Laurence et Jocelyn Saint-Pierre, *La presse québécoise des origines à nos jours, tome neuvième, 1955-1963*, Québec, les Presses de l'Université Laval, 1989, 427 p.

BEAULIEU, André, Jean Boucher, Jacqueline Dufresne, Jean Hamelin, Virginie Jamet, Gérard Laurence et Julie La Vallée Laflamme, *La presse québécoise des origines à nos jours, tome dixième, 1964-1975*, Québec, les Presses de l'Université Laval, 1982, 509 p.

BEAULIEU, André, Jean Boucher, Jean Hamelin, Gérard Laurence et Jocelyn Saint-Pierre, *La presse québécoise des origines à nos jours, tome huitième, 1945-1954*, Québec, les Presses de l'Université Laval, 1987, 368 p.

BÉLANGER, Jean-Pierre, *Solange Harvey. Quand il ne reste que l'amour*, Outremont, les Éditions Publistar, 2004, 317 p.

BUJOLD, Bernard, *Pierre Péladeau cet inconnu*, Montréal, Trait d'union, 2003, 219 p.

CASSINI, Marc, Jim Hynes, Rob Labelle, Rob Lutes et Catherine Saguès, *Quebecor : A living History*, Montréal, St. Remy Media, 2002, 144 p.

CHABOT, Colette, *Péladeau*, Montréal, les Éditions Libre Expression, 1986, 281 p.

CÔTÉ, Jean et François-Xavier Simard, *Pierre Péladeau*, Outremont, les Éditions Quebecor, 1996, 199 p.

CÔTÉ, Jean et Gisèle Fortin, *K.I.S.S. Propos et citations de Pierre Péladeau*, Outremont, les Éditions Quebecor, 2006, 149 p.

CÔTÉ, Jean, *Jean-Marc Brunet. La force et la santé*, Boucherville, les Éditions de Mortagne, 1982, 414 p.

CÔTÉ, Jean, *Le vrai visage de Pierre Péladeau*, Outremont, les Éditions internationales Alain Stanké, 2003, 242 p.

DÉSORMIERS, Paul, *La vérité sur les débuts de la fortune de Péladeau*, Montréal, les Éditions Paul Désormiers, 1987, 162 p.

FELTEAU, Cyrille, *Histoire de La Presse, tome II, Le plus grand quotidien français d'Amérique, 1916-1984*, Montréal, les Éditions La Presse, 1983, 283 p.

GAGNON, Jeanne, *Notes d'espoir d'un « joueur de piano ». Pierre Jasmin se raconte à Jeanne Gagnon*, Montréal, Triptyque, 2006, 266 p.

HIRTZMANN, Ludovic et François Martin, *Le défi des quotidiens gratuits*, Sainte-Foy, les Éditions Multimondes, 2004, 190 p.

MAISONNEUVE, Pierre, *Jouer pour gagner*, Outremont, les Éditions Quebecor, 1998, 190 p.

MICHON, Jacques, *Fides. La grande aventure éditoriale du père Paul-Aimé Martin*, Montréal, Fides, 1998, 386 p.

OUIMET, Danielle, *Si c'était à refaire…*, Outremont, les Éditions Publistar, 2005, 525 p.

PITCHER, Patricia, *Artistes, artisans et technocrates dans nos organisations*, Montréal, Québec Amérique, coll. Presses HEC, 1992, 261 p.

POISSANT, Charles-Albert, *Donohue. L'histoire d'un grand succès québécois*, Montréal, Québec Amérique, 1998, 275 p.

POISSANT, Charles-Albert, *Réussir. Programmer son succès*, Montréal, les Éditions Logiques, 2007, 347 p.

Articles

« André Mathieu à Val d'Or le 27 et à Amos les 29 et 30 juillet », *La Gazette du Nord*, 21 juillet 1949, p. 10.

« André Mathieu dans une longue tournée à travers la province », *Photo-Journal*, 28 juillet 1949, p. 41.

« L'après-Pierre Péladeau », *Commerce*, septembre 1992, p. 22 à 24.

« La femme idéale vue par… Pierre Péladeau. Place aux spécialistes », *Châtelaine*, juin 1986, p. 39.

« La situation ouvrière pendant l'année 1923 », *La Presse*, 7 janvier 1924, p. 4.

« Le Canada nouveau », *Le Canada nouveau*, 24 mai 1954, p. 4.

« Pierre Péladeau dans le coma », *Journal de Montréal*, 3 décembre 1997, p. 3.

BENESTY Sroka, Ghila, « Péladeau à nu », *Tribune juive*, mai-juin 1990, p. 6 à 9.

BÉRARD, Diane, « Quebecor : Au diable les ragots ! », *Commerce*, octobre 1999, p. 22.

BLOUIN, Jean, « Péladeau tout craché », *L'actualité*, 15 avril 1990, p. 44 à 49.

BOISVERT, Michèle, « Rémi Marcoux ne croit pas au succès instantané », *La Presse*, cahier Affaires, 9 juin 2003, p. D1.

BOMBARDIER, Denise, « Pierre Péladeau – Création d'un empire financier… et conquête de soi », *Forces*, numéro 115, 1997, p. 4 à 10.

BRAULT, Julien, « Quebecor. Entrevue avec Érik Péladeau », *Québec Micro*, août 2006, p. 10 et 11.

CHARTIER, Richard, « Quebecor à la bourse», *Journal de Montréal*, 17 novembre 1972, p. 4.

CHARTRAND, Luc, « Péladeau 2 », *L'actualité*, 1er mai 1999, p. 24 à 30 et 64 à 70.

CLOUTIER, Laurier, « Quebecor négocie avec [Transcontinental] GTC», *La Presse*, cahier Économie, 15 juillet 1988, p. A8.

CLOUTIER, Laurier, « Les hauts et les bas d'un président », *La Presse*, 10 septembre 1991, p. D2.

CONDON, Bernard, « Angry Son », *Forbes*, 19 avril 1999 [en ligne].

CRAWFORD, Michael, « Prey for the Paper Tiger », *Canadian Business*, novembre 1993, p. 22 à 31.

FRANCIS, Diane, « Readers support tough stance against Quebec separatists », *Financial Post*, 4 juillet 1996, p. 17.

GIROUARD, Michel, « Ivana Trump retrouve Montréal... Pierre Péladeau m'annonce son mariage », *Allo Vedettes*, 27 novembre 1993, p. 13.

GODIN, Gérald, « Trois heures avec Pierre Péladeau », *Québec-Presse*, 15 septembre 1974, p. 2 à 4.

IBRAHIM, A.B., K. Soufani et J. Lam, « A study of Succession in a Family Firm », *Family Business Review*, septembre 2001, p. 245 à 258.

LACROIX, Manon, « Le drame amoureux d'Anne-Marie Péladeau », *La Semaine*, 1er juillet 2006, p. 12 à 17.

LAJOIE, Gilles, « Le testament de Pierre Péladeau », *Commerce*, février 1996, p. 9.

LAMOUREUX, Denis, cahier spécial 10e anniversaire du *Journal de Québec*, *Journal de Québec*, 8 mars 1977.

LANDRY, Bernard, « Dixième anniversaire du référendum de 1995 – Une génération... et demie », *Le Devoir*, 29 octobre 2005, p. B5.

PALMERI, Christopher, « Nietzsche's out, God's in », *Forbes*, 10 décembre 1990, p. 40 et 41.

Presse canadienne, « *Super-Hebdo* ne ferme pas », *La Presse*, 23 janvier 1990, p. B8.

RIOUX, Christian, « L'ogre des médias », *L'actualité*, 15 mars 1990, p. 41 à 46.

TURENNE, Martine, « Claude J. Charron, star de l'édition », *Commerce*, septembre 2005, p. 12 à 21.

VIGEANT, Yolande, « Pierre Péladeau comme vous ne l'avez jamais vu », *Le Lundi*, 29 mars 1996, p. 4 à 16.

WELLS, Jennifer, « Peladeau's powerplay », *Maclean's*, 5 août 1996, p. 38 à 40.

Archives et fonds documentaires

Fonds publics

Bibliothèque et Archives du Canada (BAC), fonds Famille Mathieu, MUS 165/A2, 15 Box 1 et MUS 165/A8, 1 Box 2

Bibliothèque et Archives du Canada (BAC), Henri Péladeau, RG 95-1 vol. 2755 et vol. 1788

Fonds privés

Archives personnelles de Bernard Bujold

Archives personnelles d'André Bachand

Archives audiovisuelles

CARRIÈRE, Bruno, réalisateur, *Qui étiez-vous Monsieur P ?*, les productions Sovimage, 1998, 80 minutes.

FAILLE, Denise, journaliste, *Présent édition métropolitaine*, première chaîne de Radio-Canada, 29 décembre 1978, 25 minutes 29 secondes.

PAYETTE, Lise, intervieweur, *Tête à tête avec Pierre Péladeau*, Télé-Métropole, 1993, 48 minutes.

POULIN, Madeleine, présentatrice, « Les héritiers du 4e pouvoir. Les Péladeau », *Points-média*, Société Radio-Canada, 1994, 27 minutes.

ROY, Jean, réalisateur, *100 Québécois qui ont fait le XX*^e^ *siècle. 1 : Les bâtisseurs*, Euréka ! Productions, 2003, 51 minutes.
SCULLY, Robert Guy, animateur, *Scully rencontre Pierre Péladeau*, Société Radio-Canada, 1990, 32 minutes.

Entrevues privées

Érik Péladeau, 4 mai 2006
Bernard Bujold, 30 mai 2006
Colette Chabot, 11 juin 2006
Luc Desaulniers, 3 juillet 2006
Marcel Béliveau, 4 janvier 2007
André Bachand, 2 février 2007
Guy Fournier, 28 mars 2007
Pierre Jasmin, 27 avril 2007
Danielle Ouimet, 15 mai 2007
Yolande Coallier, 23 mai 2007

INDEX DES NOMS CITÉS

D

E

F

G

H

J

K

L

M

N

O

P

R

S

T

V

REMERCIEMENTS

Je tiens d'abord à remercier Normand Lester, à qui je dois l'idée de ce livre et qui m'a encouragé à l'écrire. Je remercie également le dernier adjoint de Pierre Péladeau, Bernard Bujold qui, généreux de son temps, m'a ouvert ses archives comme sa mémoire tout au long de la rédaction du présent livre. La biographe et amie personnelle de Pierre Péladeau, Colette Chabot, m'a aussi été d'une aide considérable. Toujours disponible, elle a su me révéler l'homme qui se cachait derrière le personnage. L'ancien adjoint de Pierre Péladeau, André Bachand, m'a aussi généreusement offert son témoignage. Je remercie l'économiste Pierre Fortin, pour ses explications, et le journaliste et biographe Michel Vastel, pour ses conseils. Je remercie également Érik Péladeau qui, homme de famille, a été le seul des enfants Péladeau à me parler ouvertement de son père. Je remercie aussi chaleureusement Luc Desaulniers, Pierre Jasmin, Guy Fournier et Danielle Ouimet pour leurs témoignages. Pour avoir pris le temps de relire mon manuscrit à plusieurs reprises, je tiens à souligner la contribution de

Luc Labbé et Dominique Brault, ainsi que tous les bibliothécaires et archivistes qui m'ont prêté main-forte.

Finalement, j'adresse un merci tout spécial à la femme de ma vie, Jenny, qui a su m'appuyer durant ces longs mois de recherche et de rédaction.

TABLE DES MATIÈRES

CINQUIÈME PARTIE

LES HÉRITIERS DE L'EMPIRE

CAHIER PHOTOS

VOICI LE NOUVEAU QUOTIDIEN

LE JOURNAL DE MONTREAL 10¢

VOL. I / NO I / LUNDI 15 JUIN 1964

Pendant que la CONFUSION entoure l'enfant GUYNEMER

on doit protéger NAESSENS à la carabine

Chasse à l'homme à 90 milles à l'heure

FUYARD abattu par la POLICE

Mariage secret de

Lundi le 15 juin 1964 paraissait sans tambour ni trompette le premier numéro du *Journal de Montréal*, alors qu'un arrêt de travail avait fait disparaître le quotidien *La Presse* des kiosques quelques semaines plus tôt. Avec le mariage de Ginette Ravel à la une, le nouveau quotidien, qui avait été produit à la hâte durant la fin de semaine, ressemblait à s'y méprendre aux hebdomadaires artistiques alors publiés par Pierre Péladeau. Plus importante que ses défauts, la présence hâtive du *Journal* sur le marché fut déterminante pour son succès.
(source : Bibliothèque et Archives nationales du Québec)

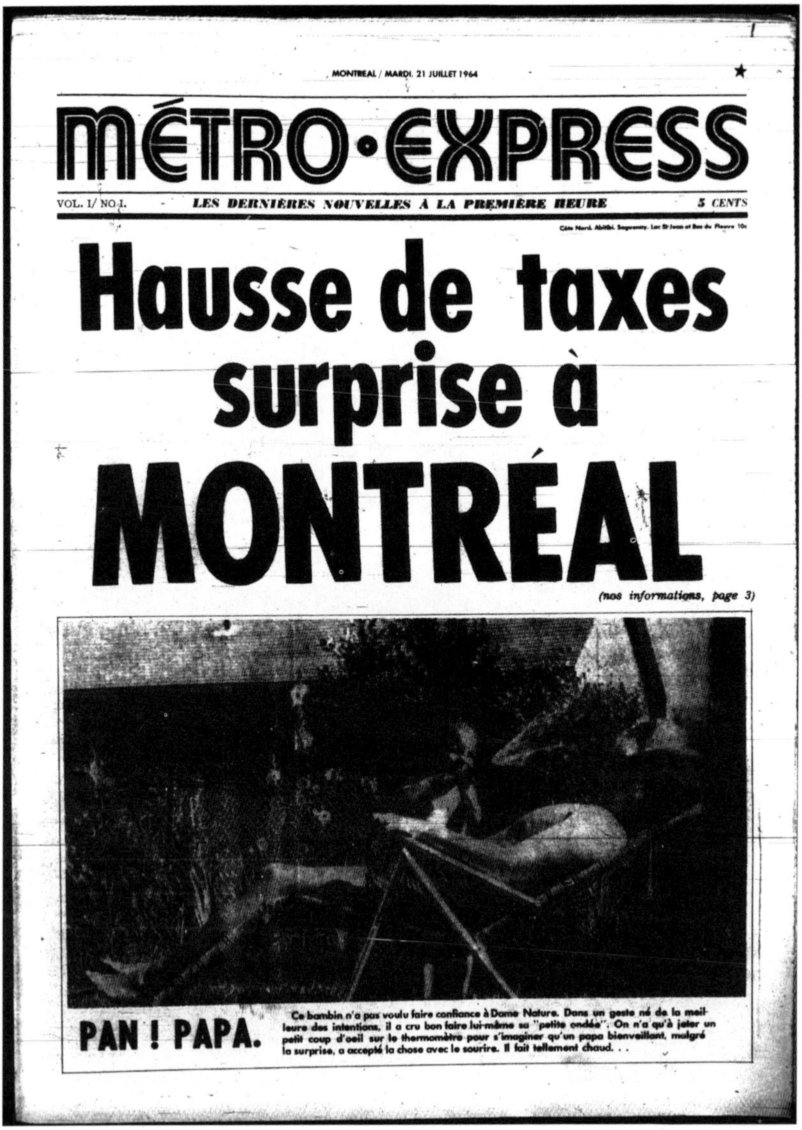

MONTREAL / MARDI, 21 JUILLET 1964

MÉTRO-EXPRESS

VOL. I/ NO I. LES DERNIÈRES NOUVELLES À LA PREMIÈRE HEURE 5 CENTS

Côte Nord, Abitibi, Saguenay, Lac St-Jean et Bas du Fleuve 10c

Hausse de taxes surprise à MONTRÉAL

(nos informations, page 3)

PAN ! PAPA.

Ce bambin n'a pas voulu faire confiance à Dame Nature. Dans un geste né de la meilleure des intentions, il a cru bon faire lui-même sa "petite ondée". On n'a qu'à jeter un petit coup d'oeil sur le thermomètre pour s'imaginer qu'un papa bienveillant, malgré la surprise, a accepté la chose avec le sourire. Il fait tellement chaud. . .

Le mardi 21 juillet 1964, avec un retard de plus d'un mois sur son concurrent, *Métro-Express* faisait son entrée dans les kiosques durant le même arrêt de travail de *La Presse* qui donnait des ailes au *Journal de Montréal*. Mieux préparé que son concurrent, le tirage du tabloïd populaire *Métro-Express* ne bénéficia toutefois jamais de l'absence de *La Presse*. Ses ventes n'ayant jamais dépassé les 25 000 exemplaires par jour, le quotidien s'éteignit moins de deux ans après sa fondation.
(source : Bibliothèque et Archives nationales du Québec)

le journal de québec

VOL. I / No 1 / 24 pages QUEBEC, LUNDI, 6 MARS 1967 PRIX: 10 CENTS

LE CANADA TOUT ENTIER DÉPLORE LE DÉCÈS DU GÉNÉRAL VANIER

Le premier numéro du *Journal de Québec* parut un lundi, comme son grand frère montréalais, le 6 mars 1967. Un concours de circonstances providentiel força la main à Pierre Péladeau, qui était réticent à l'idée. La mort du quotidien l'*Événement Journal* de même que la mort du général Vanier le même jour finirent de convaincre l'éditeur de lancer son *Journal* le lendemain de la disparition du deuxième quotidien de la capitale.
(source : Bibliothèque et Archives nationales du Québec)

le journal du nord-ouest
A domicile 6 jours $1.50
25¢
VOL. 1 / NO 73 / 32 PAGES
VENDREDI 3 JANVIER 1975

Le Canadien commence l'année par une nulle
PAGES 30-31

L'AFFAIRE DE LA BRINK'S REBONDIT
PAGE 3

CANADIAN IMPERIAL
BANK OF COMMERCE
MONTREAL, P.Q.

SERVICE À DOMICILE
LA SARRE Tél. 333-2500
ROUYN-NORANDA Tél. 762-2122
VAL D'OR Tél. 825-3596
AMOS A VENIR BIENTOT

Arborant les mêmes couleurs que le *Journal de Montréal*, le *Journal du Nord-Ouest* est le troisième quotidien lancé par Pierre Péladeau. Publié six jours sur sept et distribué dans les villes de Rouyn-Noranda, Val-d'Or et Amos, le quotidien fut lancé le 7 octobre 1974 pour fermer quelque sept mois plus tard.
(source : Bibliothèque et Archives nationales du Québec)

CIGARETTE WARPATH — Page 32 exclusive

'BETHUNE' AGONIZES — Page 31

HABS END STREAK — Page 51

Montreal Daily News

TUESDAY, MARCH 15, 1988 VOLUME 1/NUMBER 1 50 CENTS

OUT

NO APPEAL FOR TURK REFUGEES

PAGE 5

ROYAL VIC: $17M BETTER

PAGE 3

MARIE-FRANCE COALLIER/Daily News

Living under the threat of deportation: Ahmet and Havane Iikimen and their son Baris.

Cité NISSAN
3500, Jean-Talon O.
Montréal
739-3175

LEASE FOR LESS
NISSAN
BUILT FOR THE HUMAN RACE

NISSAN MAXIMA
Starting from
$450 per month
* 48 month lease * $1,000 Down payment
(1987 Model) * Tax, License, Insurance extra

Centreville NISSAN
2085, Ste-Catherine O.
Montréal
932-6677

Lancé le 15 mars 1988, le premier numéro du *Montreal Daily News* n'affichait pas par hasard à la une l'histoire de réfugiés turcs expulsés du Canada. Ce second quotidien anglais de Montréal avait pour public cible les communautés ethniques de la métropole. Lancé près de 10 ans après la disparition du *Montreal Star*, le journal ne pouvait compter sur le concours de circonstances qui avait fait le succès des deux premiers quotidiens lancés par Quebecor. Le *Montreal Daily News* ferma ses portes 21 mois après sa fondation.
(source : Bibliothèque et Archives nationales du Québec)

??? IDÉE-CADEAUX ???
COURS PROFESSIONNELS
MANNEQUINS-MAQUILLEURIEUSEIS
John Casablancas
international
495-8484

Tapis Georges Guy
RÉSIDENTIEL - COMMERCIAL
Service de vente à domicile
GRATUIT 527-8731
• TAPIS
• PRÉLARTS
• TUILES
$10 DE RABAIS
Applicable à l'achat de $200 et plus sur présentation de ce coupon (limite un par client)

PARTICIPEZ À NOTRE PROMOTION
Astérix ET OBELIX AU CIRQUE

CONSULTEZ NOS SUPER SPÉCIAUX
EN PAGE ARRIÈRE
JEAN COUTU
Ouvert 7 jours
7 soirs, tous
les week-ends

super HEBDO
de l'île de montréal
ROSEMONT
ST-MICHEL

VOL. 2 - N° 11
DIMANCHE
3 DÉCEMBRE 1989

1 435 000 LECTEURS
– SONDAGE LÉGER & LÉGER

H2G*, H1X, H1Y,
H2A, H2E*, H1W*

POUR AIDER LES DÉMUNIS

Jennifer Walter et Tracee Chelios veulent battre le record de l'an dernier.

LE CANADIEN A BESOIN DE VOUS

MONTRÉAL 1990
UN
BUDGET
POUR VOTRE
QUARTIER

Michael Fainstat, président du comité exécutif de la Ville de Montréal.

INSYGHT:
DE ROSEMONT À L'AUTRE BOUT DU MONDE

BOURDAGES SUR LA SELLETTE
LE MONTRÉAL-BOURASSA POURSUIT SA GLISSADE

L'AMITIÉ N'A PAS D'ÂGE

NOUVEAU DÉFI POUR ANDRÉ GOURD

OUVERT AUX CONSOMMATEURS
MEUBLES SANS FANTAISIE
AMEUBLEMENT COMPLET À PRIX D'ESCOMPTE

DÎNETTE 5 Mcx
SPÉCIAL $299
CHAISES SUR BILLES
SPÉCIAL ENTREPÔT
PLAN DE FINANCEMENT POSSIBLE

OUVERT AU PUBLIC
OUVERT SUPER ENTREPÔT
5836 Est Métropolitain
(Entre Lacordaire et Langelier, côté sud)
259-1322
3250 Est Métropolitain
(Coin sud-est du boul. St-Michel)
728-3606

Véritable retour aux sources pour Pierre Péladeau, qui avait fait son entrée dans le monde des affaires avec un journal de quartier, *Super-Hebdo* devait, avec ses différentes éditions de quartier, couvrir Montréal dans son ensemble. Lancé la même année que le *Montreal Daily News*, en septembre 1988, le nouvel hebdo s'avéra peu rentable. Quebecor préféra réduire peu à peu la taille de l'hebdomadaire plutôt que d'avouer un autre échec. Ce n'est finalement qu'en 1996 que l'aventure du *Super-Hebdo* se termina.
(source : Bibliothèque et Archives nationales du Québec)

Le 31 mars 1980, Pierre Péladeau avait organisé un grand récital au théâtre Maisonneuve pour souligner le retour au pays du pianiste Pierre Jasmin. Ayant initialement financé les études de Pierre Jasmin à Vienne, Pierre Péladeau voulait alors partager sa passion pour Beethoven avec le grand public.
(photo : collection personnelle de Pierre Jasmin)

Pierre Péladeau et quelques-uns de ses invités devant sa maison de Sainte-Adèle, à l'occasion d'un concert de Beethoven interprété par le pianiste Pierre Jasmin, et sa compagne. Réunissant quelque 200 invités triés sur le volet, cette réception estivale faisait figure de précurseur des fastueux « pow wow » qui seraient organisés chaque année chez l'homme d'affaires, qui se plaisait à recevoir des politiciens bien en vue, des artistes populaires et autres gens d'influence. De gauche à droite : Pierre Péladeau, le ministre péquiste Rodrigue Biron et son épouse, Kuo-Yuan Lee et son conjoint Pierre Jasmin.
(photo : collection personnelle de Pierre Jasmin)

La cour arrière de la maison de Pierre Péladeau était vaste, mais son « domaine » étant situé à Sainte-Adèle, il n'était pas pour autant coûteux. L'achat a été fait en 1974 pour une bouchée de pain et Pierre Péladeau y demeura jusqu'à sa mort. Les invités de marque y défilèrent lors des soupers qu'il organisait, de même qu'à ses « pow-wow », grandes fêtes annuelles qu'il organisait chaque été.
(photo : collection personnelle de Bernard Bujold)

Dans une immense tente érigée sur la propriété de Pierre Péladeau, durant l'événement décrit à la page précédente, la famille Péladeau sympathise avec René Lévesque. Pierre Péladeau, qui aimait s'afficher aux côtés de politiciens de toutes allégeance, dont Robert Bourassa et Brian Mulroney, avait sur le plan personnel une grande estime pour René Lévesque, qu'il considérait comme le plus grand homme politique de l'histoire du Québec. De gauche à droite : Pierre-Karl Péladeau, René Lévesque, Anne-Marie Péladeau, Pierre Péladeau, Érik Péladeau et Isabelle Péladeau, et assis, Kuo-Yuan Lee et son conjoint Pierre Jasmin.
(photo : collection personnelle de Pierre Jasmin)

Pierre Péladeau croqué avec une comédienne personnifiant Marylin Monroe, qu'on avait engagée pour souligner l'anniversaire du président de Quebecor. Éternel amateur de femmes, si Pierre Péladeau arrêta de boire et s'assagit quelque peu avec les années, il ne cessa jamais de collectionner les conquêtes amoureuses.
(photo : collection personnelle de Bernard Bujold)

Croqué à l'occasion de la réception de Noël de Quebecor, en 1992, Pierre Péladeau aimait faire la fête, mais surtout y provoquer des situations incongrues. De gauche à droite : Pierre-Karl Péladeau, Pierre Péladeau et son dernier adjoint, Bernard Bujold.
(photo : collection personnelle de Bernard Bujold)

Au milieu, Pierre Péladeau signe un livre dans les bureaux de Québec-Livres, le distributeur de livres dont il a fait l'acquisition le 17 mai 1983. Fait intéressant, les livres des Éditions Quebecor furent initialement distribués par l'Agence de distribution populaire et imprimés par l'imprimerie Électra, une division du même groupe. Plusieurs décennies plus tard, en 2005, Quebecor mettait la main sur le groupe, entre temps renommé Sogides, sous l'impulsion de Pierre-Karl Péladeau.
(photo : archives de Livre d'ici)

Pierre Péladeau pouvait se montrer intransigeant en négociations. En règle générale, il posait rapidement ses conditions et, après coup, rien ne pouvait plus le faire changer d'avis. (photo : collection personnelle de Bernard Bujold)

Prise à l'occasion du 30e anniversaire du *Journal de Montréal*, en 1994, la photo est symptomatique de l'attachement qu'avait Pierre Péladeau pour son premier quotidien. Pierre Péladeau, qui portait lui-même souvent des t-shirts aux couleurs du *Journal*, pouvait envoyer plusieurs notes par jour à l'éditeur du *Journal de Montréal* alors que Quebecor était en voie de devenir le plus grand imprimeur du monde.
(photo : collection personnelle de Bernard Bujold)

Dans les années 1990, le principal moyen de transport de Pierre Péladeau était devenu l'hélicoptère. Sur la photo, on peut voir son deuxième et dernier hélicoptère, un Longranger IV 206-L4.
(photo : collection personnelle de Bernard Bujold)

Rien ne servait d'offrir des cadeaux à Pierre Péladeau. Il pouvait se procurer tout ce qu'il désirait et n'avait pas des goûts luxueux à outrance. Cependant, l'homme d'affaires était avide d'honneurs et fut très touché de recevoir cette plaque en bronze du président de la Banque Nationale, André Bérard, en 1995. On pouvait y lire le texte suivant : « En hommage à M. Pierre Péladeau pour sa contribution exceptionnelle au monde des arts et de la culture. »
(photo : collection personnelle de Bernard Bujold)

Toujours disponible pour accorder des entrevues ou donner des conférences, Pierre Péladeau aimait se donner en spectacle. À l'instar de l'homme d'affaires dépeint dans la chanson « Le blues du businessman » de Luc Plamondon, il aurait parfois préféré être auteur plutôt qu'éditeur, artiste plutôt que producteur.
(photo : collection personnelle de Bernard Bujold)

Pierre Péladeau, assis à son bureau, était au courant de tout ce qui se passait. À l'aide du téléphone et des notes qu'il distribuait, il pouvait contacter chaque jour des centaines de personnes. À sa droite se dresse un buste de Ludwig van Beethoven, dont il écoutait la musique toute la journée. Selon lui, le compositeur était le plus grand être humain que la Terre ait connu.
(photo : collection personnelle de Bernard Bujold)

En juillet 1996, Pierre Péladeau donna un million de dollars en aide aux sinistrés de la région du Saguenay–Lac-Saint-Jean, aux prises avec l'une des plus importantes inondations de son histoire. Le premier ministre du Québec, Lucien Bouchard, député de la région, vint en personne accueillir le généreux don. De gauche à droite : Pierre Péladeau, Bernard Bujold et Lucien Bouchard.
(photo : collection personnelle de Bernard Bujold)

Si Pierre Péladeau avait beaucoup de détracteurs, ceux qui travaillaient en étroite collaboration avec lui, notamment ses cadres et ses secrétaires qu'on peut voir sur la photo, appréciaient leur patron. Après la mort du personnage, les employés du 612, rue Saint-Jacques ressentirent le vide laissé par sa disparition. De gauche à droite : André Gourd, Pierre Péladeau, Martine Bérubé et Bernard Bujold, et assises, Sylvie Cordeau, Micheline Bourget et Nicole Germain.
(photo : collection personnelle de Bernard Bujold)

Quelques mois avant sa mort, en juin 1997, Pierre Péladeau reçut un doctorat *honoris causa* de l'Université Laval. Même s'il s'agissait pour lui d'un troisième honneur du genre, après ceux de l'UQAM et de l'Université de Sherbrooke, il ne s'en réjouissait pas moins. Ironiquement, les universités de Montréal et McGill, deux universités dont Pierre Péladeau fut diplômé avant de se lancer dans les affaires, ne lui décernèrent jamais un tel doctorat.
(photo : collection personnelle de Bernard Bujold)

Cette photo était la préférée de Pierre Péladeau. Le fondateur de Quebecor insistait pour qu'on l'utilise. À défaut de photos de circonstance, c'était cette photo qui était choisie pour illustrer un article portant sur lui dans le *Journal de Montréal* ou toute autre publication du groupe. Même après sa mort, la volonté du personnage est demeurée aussi influente et on continua à utiliser cette photo pour évoquer l'ancien grand patron.
(photo : collection personnelle de Bernard Bujold)

Le 3 décembre 1998, le clan Péladeau est réuni à l'ambassade d'Ottawa afin de recevoir la Légion d'honneur de leur père à titre posthume. L'honneur qui était, aux dires de Pierre Péladeau, la plus grande joie de sa vie, rassembla pour l'une des rares fois la famille. De gauche à droite : l'ancien adjoint de Pierre Péladeau, André Bachand, Claudette Hould (conjointe de ce dernier), Érik Péladeau, Jean Péladeau, Simon-Pierre Péladeau et son amie de cœur, Esther Péladeau, Pierre-Karl Péladeau et l'ambassadeur de France au Canada, Denis Bauchard.
(photo: collection personnelle d'André Bachand)

Pierre Péladeau avait apprivoisé la mort de son vivant. Il lui souriait et, même s'il avait la foi, il ne crut jamais à la vie après la mort. Il ne voulait pas qu'on publie de notice nécrologique dans le *Journal de Montréal* pour souligner son décès et se faisait peu d'illusions sur le souvenir que lui, un homme d'argent, laisserait sur terre. À ce chapitre, il se disait minuscule en comparaison d'un Balzac ou d'un Beethoven.
(photo : collection personnelle de Bernard Bujold)